星雲大師 口述

百年佛缘

道場篇 二

中華書局

百年佛緣

道場篇 二

星雲大師 口述

中華書局

目録

目錄

美國佛教「大法西來」

一九六三年，「中國佛教會」組團訪問東南亞的時候，就曾安排訪問美國的行程。但是，我覺得美國這麼遠，我們購買飛機票的財力也不夠，於是向大家提議，可不可以放棄去美國？大家聽了之後也都贊成，因此就決定放棄前往美國的機會。爲什麼不去美國呢？一來，我們在美國没有關係因緣，二來，到美國之後要去哪裏訪問呢？大家也弄不清東南西北，該往哪裏去？

日後，在美國紀念兩百週年的前一年，也就是一九七五年，舊金山萬佛城的宣化法師率領徒衆訪問臺灣，在佛光山曾住一宿。同行的，還有我的同學知定法師，我們曾在焦山一起讀書，他在夏威夷弘法，也到過佛光山。當時的佛光山纔剛開始開山，他們一行人還來看過我們的開山寮，那時候的開山寮還只是個簡陋的草棚而已。

另外，我認識一位住在紐約的應金玉堂居士，應金居士篤信佛教，是個虔誠的佛教徒，非常熱心弘揚佛教，並且在美國紐約建有大乘寺。還有，香港的文珠法師在洛杉磯建有道場叫「圓覺寺」。我到美國前，就只知道這四位人士，他們多少幫助我瞭解了美國這個國家。

美國建國兩百週年是一九七六年，那一年，國民黨爲了祝賀美國，發動各個宗教團體組團前往慶祝，他們問我：「你們佛教怎麼没有動作呢？」

我說：「『中國佛教會』要開會，一起來討論吧！」因此我就預備要在會議裏提議。期間，碰到「中國佛教會」主席白聖法師，我向他提及這件事情，白聖法師說：「我們會組團前往。」但是，我並不在名單內。

當時，國民黨黨部「社工會」總幹事汪崇仁先生替我講話，汪先生說：「那你們當第一團，星雲法師可以組第二團嘛！」這樣一來，我就有依據可以自己組團訪問美國。雖然知道自己力量不夠，飛機票也很昂貴，負擔不起訪問的費用，但是，爲了替臺灣的佛教爭一口氣，我還是毅然組團，訪問美國！

我們趕緊準備行囊，要趕在七月四日之前到達，那時候訪美的團體，行程大約要安排二十天，每個人的費用大約是十多萬元，每天都要花費臺幣五千塊以上。經濟能力比較好的人没有問題，但是像我們這樣拮据的人，實在難以負擔。組團期間，承蒙好友浩霖法師從紐約打電話來關心，宣化法師也在電話裏和我講了不只半個鐘點以上，一再跟我聊天，邀我去美國訪問。

訪問團終於籌備好了，應金玉堂居士來信表示，要邀請我們到美國三個月，還要帶我們到各處去玩。哪裏知道拿這一封信去辦理旅行證件的時候，美國駐臺官員一看就說：「你們要去三個月，還到美國各處觀光，你們不回來了嗎？」就拒絕給我們辦理旅行證件。

這下子問題嚴重了，因爲團都籌備好了，飯店訂了，錢也繳了，經濟也不得問題了，忽然得不到旅行證件，這實在很難堪。我想，既然是國民黨要我去的，我就去問問他們該怎麼辦？「社工會」的主任聽了之後，就說：「我們讓你們去，但美國不接受你們，我也不得辦法。」我一聽，也覺得很有道理，你們讓我去，但是人家不接受我，那還有什麼辦法呢？

我接著說：「那麼請你幫個忙，給美國的駐臺代表打通一下好嗎？」

他說：「這也不難。但是你要知道，每天都好幾萬人出入美國，我們有幾百個團體來往，假如像你這樣，每個團體都要交涉，我天天交涉，也交涉不了呀！」我覺得他說的也是。但已經不得辦法了，最後只有我自己打電話給美國駐臺官員安克志（Leonard S. Unger）先生。安先生說：「你明天上午九點來找我。」

隔天九點鐘，我去拜訪他，看見他的辦公桌前供了一尊佛像，就知道有希望了。我將情況詳細地描述一番。我說，因爲要慶祝美國建國兩百週年，我們已經組好團要前往美國，但是旅行證件臨時没有通過，想請你

幫忙瞭解一下。他立刻拿起電話，幫我詢問情況。對方解釋說，他們是有意不回來啊，所以不給通過。安先生說，你還是給他們辦理旅行證件吧。他掛了電話，告訴我：「你們十一點鐘去辦旅行證件，還要加辦外匯。」

這一句話真是如逢大赦，終於拿到旅行證件了。我回去之後馬上通知大家，趕快各自準備，四點鐘到松山機場，按時起飛。由於辦理的時間實在非常短，去辦理外匯的蕭碧霞師姑差點連飛機都趕不上，連鞋子都來不及穿，只好穿著拖鞋就上飛機了。這就是到美國的前奏曲，實在很多曲折。

到了美國，首站在舊金山下飛機。宣化法師帶了許多比丘、比丘尼還有信徒，都進到機艙裏來迎接我們，並且沿途的道路都擠滿了信徒，拉起歡迎的紅布旗，大聲念著佛號對我們表示歡迎。宣化法師的神通廣大，真是令人驚嘆！

到了萬佛城之後，我們原本計畫好在舊金山停留數日，就要去訪問各處的道場以及參觀風景名勝區。但是宣化法師告訴我們不要外出，他說：「為什麼要外出呢？世界都在我們心中，外面有什麼好看？」

雖然不被允許外出，但宣化法師對我很關心，總是亦步亦趨地跟著我，與我討論各種問題。譬如他問我在美國該怎麼弘法？有什麼建議可以給他？他也問到僧團該怎麼整合，又該如何組織等等。那時候，我的年紀很輕，但是，我從小就在叢林裏過出家生活，對於佛門的規範畢竟比較熟悉，而他們都是年長了纔出家，也沒有接受過叢林的教育，現在要在海外建設寺院，當然會有更多地方不熟悉。所以，我也就當仁不讓，提供了一些見解與經驗給他們參考。

不過，由於我們早就與般若講堂的智海法師約定好要見面，所以我只好打電話給智海法師向他說明：「我們的行程本來有安排到你們那裏訪問，但是這邊不方便讓我們走出萬佛城啊。」智海法師說：「不要緊，我來給他們打個電話。」

於是，他就打了一通電話來，請宣化法師接聽。智海法師說：「你怎麼能這樣呢？他們已經說好要到我般若講堂來，我還要請他們吃飯，都準備好了，怎麼可以不讓他們來呢？」

宣化法師難以拒絕，只好把我們帶到般若講堂，去接受智海法師一餐的供養。就這樣子，我們終於纔有機會出門，並且有機會參觀金門大橋及金門公園。儘管如此，其他地方我們還是都沒去，天天關在屋子裏，每個人心裏都很焦急，想要趕快離開。

約莫過了一個禮拜之後，我們終於轉到洛杉磯，感覺就像解脫了一樣，實在很舒暢。洛杉磯市區腹地廣大，是加州的第一大城，總人口數超過四百萬，僅次於紐約市。它也是美國的第二大城市和重要的海港，到了晚上，家家户户燈火通明，光芒萬丈，真是美麗無比！

下了飛機以後，我們請旅行社帶我們去吃飯。旅行社說，有一位從香港來的比丘尼文珠法師，在中國城建有一座圓覺寺，我帶你們去那裏吃素菜。我們當然很歡喜。到了圓覺寺，承蒙文珠法師的照顧，提供一間小型別墅給我們休息；但是到了吃飯時間，纔發現空間實在太小，無法容納，所以就在户外庭院的棚子下，擺了桌椅、板凳就吃起來了，大家也吃得悠然自得，趣味盎然。

文珠法師原籍廣東湛江市人，三歲出家，曾在香港弘法。他的英文、中文還有廣東話，都很流暢，觀念很開明。談了一會兒話後，我纔想起來，過去曾經在臺灣見過文珠法師。

文珠法師很熱情地對我們講說美國的情況，不知過了多久，大家說，總不能住在這裏吧。詢問旅行社我們晚上住在哪裏？旅行社說我們付的是觀光旅費，已經訂好住在希爾頓飯店了，不過要到下午五點纔能進去。五點前還不能進，如果進去就要加收費用，又是另一個價碼。我們只好在那裏拖延消磨時間。

記得當時我問旅行社：「洛杉磯有什麼地方好玩嗎？」他說：「洛杉磯沒有什麼地方值得參觀。」我聽了之

後，感到好像真的没有太多的地方可看，因爲在洛杉磯，看見的别墅都很矮小，一時覺得，原來美國也不過如此。可是爲什麽旅行團一團一團的都往美國來呢？

後來我問文珠法師：「你們在這裏居住，知道有哪些地方值得參觀嗎？」他說：「有迪士尼樂園、好萊塢、水族館，還有杭庭頓圖書館啊！」我們一聽，就跟旅行社説：「你怎麽不帶我們到迪士尼樂園呢？」這時，旅行社的人纔説，有，早在臺灣敲定行程時，就已經安排到迪士尼，而且已經付好錢，訂了兩天的票了。

我們去迪士尼樂園玩了兩天，感覺是滿好玩的，不過，其實只要安排一天也就可以了。接著到好萊塢參觀，好萊塢的票價很貴，當時一張票大約二三十塊美金。此外，我們也免費參觀了杭庭頓圖書館（Huntington Library）。旅遊途中，我們認識了王良信居士，王居士還約我們到他家裏接受供養。他是我的同鄉，也是揚州人，家裏有個佛堂，老母親也出家了。在他家裏用餐時，王居士説：「我在中國城有塊地，本來是想替兒女們建房子，法師難得來，就送給你們建寺吧！」我們以爲王居士講客氣話，就没有談得很深。

接下來，我們到了多倫多，多倫多的尼加拉瓜大瀑布，是世界七大奇觀之一。不過，我們此行的目的並不在參觀風景區，而是希望能爲佛教增加一些聯誼。因此，我們訪問了詹勵吾先生。詹居士設有「詹煜齋居士佛教文化獎學金基金會」，發心幫助臺灣的大專青年學子。我們和他一見面，詹居士就説要提供一百七十畝的土地給我，要我在那裏成立世界弘法中心。這實在是非常有意義的事情，只可惜，當時我的經濟能力尚且不足，也没有英語的人才。立意雖好，但也只好婉謝他的好意了。

美國建國兩百週年紀念會正式登場，我們參加了七月四號的大遊行，主辦單位也安排座車給我們，接待很好。多虧本團的慈莊法師，她對路程相當瞭解，一站一站之間，連班機的時間都安排得很好。比方我們要飛往下一個城市，大約傍晚五六點鐘左右登機，下飛機大概都是在八九點，到達旅館後剛好可以休息，準備第二天早上起來還有很多時間可以參觀訪問，行程非常順利。

這一次爲了美國兩百週年的慶典，「中國佛教會」一共派了兩團，各自前往美國訪問。第一團由白聖法師領導，我則負責領導第二團。不過，先到美國的是我們這一團，因爲第一團不知道發生了什麽問題，居然耽誤了慶祝的時間，一直到慶祝會結束之後纔抵達。

據聞，第一團的美國行程没有安排好，他們經常在早上十一點左右坐飛機，美國的腹地大，到達目的地都已經是下午三四點了。到了旅館，也已經傍晚了，晚上的時間不知道該做什麽好，因爲美國的店家晚上没有營業，大家都休息了，所以只好待在旅館睡覺。第二天早上起來，爲了趕搭九點、十點的飛機，只好匆匆吃早飯，再急急忙忙地往機場跑。因此，這一團的團員都感到很疲累，在路上就起了爭執，因爲大家不但没有訪問到，什麽也都没看到。只覺得來美國都是坐飛機和睡覺。

感謝慈莊法師的細心，注意到時間和空間的問題，我們纔能順利地完成訪問美國的任務。其實美國飛機的班次也很多，大約每個小時都有，只是要看旅行社能不能配合而已。有的旅行社爲了減少他的開支，都讓你在飛機裏吃飯，讓你在飛機上消磨時間，不讓你去觀光旅遊。但是天數太多了，讓人發覺到不太對勁，就會有所爭執。

紀念會之後繼續我們的參訪行程，印象中還到過休士頓、鳳凰城、芝加哥以及紐約。紐約的浩霖法師及應金玉堂居士都相當熱忱。尤其應金居士，見到我們，好像見到寶貝一樣，他説他建了一座大乘寺，大雄寶殿纔剛蓋好，要把它交給我，還要替我們辦二十個人的旅行證件，還有綠卡、居留都没有問題，生活上的一切都不用擔心，他都可以幫忙辦理，可見非常有誠意。

大乘寺離紐約市不遠，大約兩個小時的路程，位置不錯。我當時也聽不懂什麽是綠卡、居留，但是我知道，

從臺灣到美國的路途如此遥遠，坐飛機到美國都要花上十幾個小時，來去實在很不方便。而且我們到紐約來，總不能只在大雄寶殿住下來，更何況當時懂得英文的人也只有依航，其他人怎麼敢來呢？因此没有答應他。

在美國訪問，除了參觀寺院之外，也有看見諸多風景名勝，令人開了眼界。不過出門在外，總是有些地方會不方便，我們也遇到一些烏龍事件，最大的一個烏龍事件，發生在加拿大多倫多。

記得當時飛機抵達多倫多之後，已經是晚上十一點多，我們下機後，居然没有旅行社來接機，我們人生地不熟，晚上要住的旅館都不知道該怎麼走，很是糟糕！連旅館的名字都不知道。幸好，行程表上有飯店的名稱，後來仰賴警察幫忙，纔搭上計程車找到飯店。一直到第二天早上，旅行社纔出面，他直説：「對不起，對不起！昨天我的團很多，所以只好先去接待别的團體，就没有來接你們。」有這樣的旅行社，也真是嘆爲稀有。

吃過早飯後，準備要去參觀尼加拉瓜瀑布了，但是我卻耳聞有一位團員跟别人起了争執，對方也是從臺灣來，是一個教育機構組成的團體。

我問我們的團員：「我們出來旅行，爲什麼要跟人起争執呢？」

他説：「我們要上車，但是他們不准我們上車。」

我問：「爲什麼不准呢？」

他説：「對方説車子是他們的，所以不准我們上車！」

我問：「那我們的車子呢？我們也有訂車啊！」

終於找到導遊，就問他這到底是怎麼一回事？

導遊説：「你們兩團各有二十多人，這部車子可以載五十多人，你們可以共乘。」

我想一部車子也行，説明白就好了。但是現在人家不准我們上車，該怎麼辦纔好？導遊也不敢出面調解，就躲在後面。於是我只好出面，問對方可不可以讓我們上車呢？

對方説：「可以。但是你們要坐在後面，我們要坐在前面，因爲車子是我們訂的。」

我説：「不要這樣嘛！我們也有訂車，大家一起坐就好了。不要分前、後，分左、右可以吧？你們坐在左邊，我們坐在右邊，這樣好嗎？」

有人發言直説這個可行，那就一家一半，因此就解決了。不過上車之後，有一對夫妻還是堅持不肯讓座，一定要坐在第一排，所以我只好請團裏的大家往第二排開始坐。從這裏可以知道，世界上有些事情争執不斷，無法解決，實在是因爲有些人用道理是講不通的。

我們這一次訪美之行，有成就的地方歸納成以下幾點：

一、我們知道美國國情很民主，民衆很自由，没有宗教歧視或種族歧視的情況，少數民族也受到尊重，假如宗教或種族受到歧視，那是法令所不容的。

二、美國的博物館裏收藏很多中國古代的佛像，大學裏面也都珍藏許多佛教經典，所以，只要語言方面没有問題，要在美國宣揚佛法，應該不會很困難。

三、美國是一個很開放的國家，無論誰要來投資、移民、建設、傳教或是建學校等，不論做什麼事業都不會有限制，並且都會獲得國家熱忱的幫助。

四、過去華人移民在美國没有什麼地位，大多都是勞工階級。僑胞們的職業從餐館、洗衣店，慢慢地到現在也有教授、企業家及政治人物等，因此，華人在社會的地位也不斷在提升。現在美國的僑胞們，普徧都有很好的發展，有的僑胞甚至參加競選「參議員」，從事政治活動，譬如夏威夷的鄺友良就是華人，還被譽爲華人第一參政人。此外，像余江月桂女士，不但是美國第一位華裔女州務卿，也是亞裔女性民選的最高官員；加州

的趙美心博士，是第一位華裔女性聯邦衆議員；乃至華裔科學家王存玉博士，當選美國國家醫學院院士等等。

五、在美國置産很容易，如果要買十萬元的房屋，只要兩萬元就可以買到，其他的餘額還可以貸款，分成二十年或三十年來償還。買車也很容易，只要有五百塊錢，就能買到一部，汽車貸款也可以用三年、五年來歸還。可見美國不但是富人的天堂，也是窮人的天堂。因爲只要肯努力，人人都有發展的機會。

六、有人説：「美國，是兒童的天堂，是青年的戰場，是老人的墳場。」在我看來不見得，因爲美國老人的福利很好，例如説，老人退休後有養老金，而且還有提供餐廳、學校、車輛的服務，甚至供給旅遊。説起來，美國政府等於是老人的孝子賢孫。

七、宗教人士在這裏買東西都是免税的。像我們到百貨公司購買物品，一般民衆要繳交税金，但宗教人士不用繳。

此行訪問美國，我們的收穫還真是不少！訪問過美國後，我們回到了臺灣，差不多時隔一年後，也就是一九七七年的某一天，我居然接到王良信居士的電話，王居士説：「我有塊地要送你們，你們怎麼都没有行動呢？」

這下子我纔明白，原來這是當真的事情啊！記得接到電話的那一天下午，我和徒衆正在籃球場打球，學生的呼喊，幾乎要蓋過電話裏的聲音，所以也没有聽得太清楚，隱約中，只曉得他似乎是要我再去美國一趟。於是我先回答他説：「我在這一週内會派人前去。」

佛法國際化的目標，一直是我這一生的理想，雖然知道目前力量尚且不足，但是機緣來了，就不能不藉這個機會去美國建寺。

決定了之後，我派慈莊與依航兩人前往，慈莊懂日文，在美國有很多日裔移民，而依航曾在亞洲航空公司服務過，她的英文很流利，再加上本來就會的母語，現在中、英、日三種語言都有了，到美國去，應該能打一個頭陣。

在美國建寺的消息一經傳出，臺北的信徒就在圓山飯店設宴，爲慈莊、依航法師餞行。那時候的佛光山没有太多的力量，大家東挪西湊，總算湊足了兩萬美金讓她們可以帶在身上。兩個人就這樣被我派到美國開山建寺。

大約一個禮拜後，慈莊打電話回來告訴我説：「師父，這一塊地是在住宅區，只能建民宅，不能做爲宗教用途，所以不能建寺廟。」

我一聽，不明所以，就問：「住宅區爲什麼不能建寺廟？」

慈莊進一步説明：「美國的法律規定，房子的用途有很嚴格的分類，商業區、住宅區、工業區、宗教區等，彼此間不能挪作其他用途。在住宅區建寺是不能成功的！」糟糕了，這塊地不是寺廟用地，那該怎麼辦呢？

我説：「那除了這塊地，妳們有没有另外的辦法可想？」

慈莊回答：「在這裏又不認識其他人，還能有什麼辦法呢？只有回去了！」

我説：「不能回來！信徒已經替妳們送行，飯也吃過了，就這樣回來，如何見臺灣的父老兄弟姐妹信徒？大家會問，你們不是去美國開山建寺嗎？怎麼回來啦？」

我安慰她們説：「稍安勿躁，過兩天，我和心定到美國幫忙解決這個問題。」於是我又準備了一萬多美金和心定一起前往美國。

到了美國以後，大家就商量著，先去買一個小房子吧！美國人賣房子都是在門口立了牌子表示出售，大家就一起出門看哪裏有房子要賣。

承蒙王良信居士和他的公子也幫忙找，我們每天在洛杉磯的大街小巷穿梭不停地找房子。轉了兩天，纔發現房子都很昂貴，要價都在十萬元以上，我們全部加起來也只有三萬塊，所以問都不敢問。

隔天黃昏，就在我們要回程的路上，慈莊忽然對我講：「這條路有一間教堂要出售，只是太貴，買不起。」

我說：「我們買個教堂也很好啊！要多少錢？」

她說：「太貴了，要二十萬美金，而且一塊錢都不能還價的。」

這個價錢我們當然買不起，不過我還是說沒關係，至少去看一看瞭解一下，看看二十萬價碼的屋子是什麼情形也好。於是就去看這間教堂。

這一間小教堂沒有圍牆，我們下了車就在外面繞它一繞。房屋的造型是一棟標準西式的洋房，有兩間會客室和一棟牧師居住的房子，還有一間小型的幼稚園，旁邊的空地很大，應該可以停上幾十部的車子。

一看到這個地方，我說：「很好啊！很適合我們來，這裏空間很夠我們使用。」因爲這裏有得住，又有禮堂，還能辦幼稚園，也有停車場。但是我們身上只有三萬塊，與二十萬差距實在太遠。在一旁的王良信居士說：「那倒不要緊，我們可以跟銀行貸款。」

「貸款二十萬美金，那麼多，這是很大的數字啊！」我驚訝地說。

他說：「銀行不會計較，我帶你們去試試看吧。」

我一聽，覺得未來有希望了，便跟他說好要去。

第二天早上吃過早飯，就跟他去了銀行。我們向銀行說明來意後，銀行的女經理顯得非常高興，很歡迎我們。我甚爲訝異，因爲一般人在臺灣貸款，許多行員經常都是板著面孔，好像我們來討債一樣，感覺很不被尊重。美國的服務怎麼會這麼好？我跟他借錢，他還那麼歡喜？我們馬上就感受到東西方文化的差異。

這位女經理問我：「你要貸款多少？」

我回答：「我要貸款二十萬元。」

她爽快地說：「OK！沒有問題。」

我說：「可是我沒有擔保人。」

她感到很奇怪，反問我：「爲什麼要擔保人？」

我說：「因爲在臺灣，如果要向銀行貸款，保證人是非常重要的。」

她說：「那個房子不就是價值嗎？不就是擔保嗎？爲什麼另外還要擔保人？」我一聽心想，真不錯！美國的社會好開明。我接著又說：「但我不住在美國，還是可以貸款嗎？」

她一聽，又是面露訝異，「那你住哪裏啊？」

我回答說：「我住在臺灣啊！」

她笑著說：「那沒有問題，在臺灣一樣有美國銀行，你的貸款在臺灣付就可以了。」

我說：「謝謝，我可以跟妳貸款了，先跟妳貸款八萬元。」

就這麼三言兩語敲定了，她立刻簽了字，貸款的手續辦妥。第二天我們就找代書處理了。

在美國，買賣房子的習慣一向都是要等幾個月後纔能成交，但是我們流浪到美國來，眼前就要沒有地方住了，已經等不及幾個月後再搬進去，所以就跟屋主講，房子空著，先讓我們住可以嗎？

慶幸的是，賣主很仁慈，馬上就說：「可以，沒問題！」所以當天我們就住進教堂，並且馬上到超級市場買食物及鍋碗瓢盆，自己煮飯菜吃了。尤其，屋主也沒有馬上向我們拿取房屋的款項，他說，等到他們自己進行幾次內部集會，真正搬了家後，我們再一起繳費就可以了。

我把這間教堂取名叫「西來寺」，因爲我想到在佛光山開山的時候，山上沒有泉水，在學院西邊有處泉水，我就取名「西來泉」，還有過去大法從東來，現在大法到美國來了，可謂佛法西來，因此就取名爲「西來寺」。

這座位在洛杉磯加迪納市（Gardena City）的西來寺，是在一個路口三角窗地帶，前面的大道，先且不談，後邊有條路叫「看不懂」（Compton Blvd.）、左邊的道路叫「比人多」（S. Berendo Ave.），我們自己很得意，覺得這個路名真好，西來寺比人多，人家也看不懂。我們就像個阿Ｑ一樣，自得其樂。西來寺三面都有矮牆，我們在矮牆畫上一尊又一尊的佛像，就這樣簡單地表示：這裏是個佛教的道場。

有了道場，大家內心非常歡喜，因爲總算有一個落脚駐錫的地方，這是我們在海外弘法的第一間寺院。過幾天，我還邀請在加州大學教書的道友越南天恩法師（Thien-An）到西來寺聚會，彼此交流一下。記得那一天，他一共帶了十八位南傳佛教的出家人前來應供，擠得到處是人。好在我還有兩手可以做素菜，可憐的心定法師，他連揀菜、洗碗都來不及。那天，他們吃得好高興，直説沒吃過那麼好吃的素齋。因爲他們在當地，朋友也不多，見到我們，真的很歡喜，我們能請朋友來吃飯，也感到很開心。

現在住的問題解決了，但是總不能一直待在室內，還得要出去瞭解美國的社會纔行。慈莊法師説，那必須要買一部車子。因爲在美國沒有人走路的，沒有車子代步，到處行不通。所以，我就和心定、依航帶了幾千塊美金出門，決定要買一部車子。

我們看了看許多新車子後，比較中意的是一臺可以容納十四個人坐的大車，因爲想到以後有人來了，大家纔通通坐得下。這部車子開價要美金一萬元，但是我們也沒有錢全部付清，只説明我們是某某教堂來的，售車員説沒關係，只要分期付款就可以，現在不必繳錢。

記得當時還不到一個禮拜，車商忽然寄了一張五百塊支票給我們，他們説宗教人士買車子不需要扣税，五百塊錢税金要先退給你們。我想，美國真好，錢都還沒有付清，居然就先賺了五百塊和一部汽車。美國這個國家實在是人間天堂啊！因爲處處都有很多的方便。

後來又想到，我們對美國國情完全不瞭解，應該還要買一臺電視。大家又到百貨公司挑選。記得當時賣電視的店員是一位黑人，我們跟他説要買一臺電視機，他説：「很歡迎！」爲我們介紹了一臺四百五十塊的電視。

我問他：「宗教人士可以免税嗎？」

他説：「我不知道，得要問問老闆。」

我心想，買電視也不是一件很困難的事情，算了吧！去別家再説，因爲那時候時間也不早了，下班時間就要到了，就不打算久留。

第二天早上，差不多纔八點鐘的時間，電視機居然送來了！店員表示：「我們老闆説可以免税五十塊美金，你們只要付四百塊就好，還可以辦分期付款。」我不禁讚嘆，在美國生活怎麼會這麼容易，這麼好！難怪世界上好多人都要到美國來生活，果真不無道理。

房子、車子和電視都有了，一切都很順利。過了幾個月後，發現問題來了。最初這裏的空間還夠使用，但是，各地的佛教徒知道這裏有一座中國寺院後，紛紛聞風而來參加法會。法會結束後，有的人到處走走，有的坐下來談話，沒有要離開的意思。原來，信徒都等著要吃齋飯。因爲中國人習慣參加法會後，一定要吃素齋以求平安。而西方人的習慣，在教堂做完禮拜後就回家了，不會留下來吃飯的，所以教堂沒有廚房。

爲了吃飯的問題，很是傷腦筋。因爲這裏不但沒有廚房，也沒有吃飯的齋堂，該怎麼辦呢？所有的人只好在房子外面露天野餐。因而感覺到，這座教堂的設備，對我們來説已不敷使用，還是要另謀發展。同時，信徒也增多了，他們也出力幫忙，於是，大家決定再找一個更好、更大的地方。

後來在梅屋（Maywood）這個地區，找到一個可以煮飯和用餐的地方，也是一個教堂。其設備我都沒有更動，只是把十字架換下來，改爲供奉一尊佛祖。由於我的祖庭在白塔山大覺寺，這棟建築的顏色也剛好是白色，我就直接取名爲「白塔寺」了。

講到在美國建設道場，自從我在一九四九年率領「僧侶救護隊」來到臺灣後，從此就與母親音訊隔絕，將近四十年都沒有再見過我的母親了。直到白塔寺安頓好之後，纔有因緣輾轉把母親接到美國來。

母親來了以後，我請慈莊帶她到美國賭城拉斯維加斯遊覽，但她在拉斯維加斯很不習慣，人家打牌她也看不懂，一直想要回洛杉磯。慈莊還想帶她到別處玩玩，但是老人家不要，一心想回去。我就跟慈莊說：「妳留下來陪信徒，我先帶我母親回洛杉磯，不過麻煩妳替我打電話給依航，請她到飛機場來接我。」但是當我們到了洛杉磯後，一出機場卻找不到依航。因爲洛杉磯機場很大，繞一圈要幾十分鐘，警察又不准車子停太久，所以我們也無法知道依航究竟繞到哪裏去了。

我看不到人來接，心裏很著急，想打電話回西來寺問，但是美國的公共電話不好打，要透過總機詢問是對方付費或自己付費纔能通話。加上我不會講英文，打不了電話，只好跟母親說：「您待在這裏，不可以動喔！我等會兒來找您。」好不容易我找到了車子，但是回到原地後，一看，糟糕！母親去哪裏呢？原來，母親不知道在這個人生地不熟的地方迷路的嚴重性，跑去附近到處轉轉看看。幸好，我還是找到了。

我對她說：「不是要您待在那裏不要動嗎？怎麼還是走掉啦？」

我母親說：「我到處看看不能嗎？」

我說：「但是您不會英文呀，人生地不熟，您知道住在哪裏嗎？萬一回不去怎麼辦啊！」

我母親又說：「我怕什麼，就跟警察講，教堂圍牆上畫了很多佛像的，就是我住的地方。」

我一聽，也覺得很有道理，直說：「對、對、對！」就不計較了。

想到過去大陸曾謠傳我在臺灣已經易服從軍去，並且位居師長高位，從此，一家人都被打入「黑五類」，母親也因此連累受苦。公安人員將母親抓去，嚴厲地威嚇她，要她說出我的去處。但母親從來沒有被公安人員咄咄逼人的話嚇倒，可見她的勇氣是不讓鬚眉的。就算來到一個完全陌生的國度，對她來說，只是好奇，並不會感到緊張害怕。

白塔寺發展得很快，信徒也很多，每次聚會都來了三四百人，因爲中午在此午餐，就有人添油香。假設每個人添二十塊，用來買菜做飯，還算夠用。另外，信徒也會幫忙買東西來供養寺院，所以維持起來並不困難。不過，人數越來越多，信徒有增無減，很快的，空間已經不敷使用。於是我們就開始準備計畫建寺了。

建西來寺時，最初請人估價，對方回覆我們要價大約五十萬美金。那時候，一塊十四英畝的土地，五十萬左右，加上建築費用也要五十萬元，總共是一百萬美元。不過算一算，應該還可以勉力以赴，因此決定要建寺。接著請人畫設計圖，設計圖畫好了，等到要啓建的時候，價錢竟然轉眼間變成三百萬美金。信徒也問，當初不是說只要五十萬嗎？怎麼現在變成三百萬了？實在很爲難。但是地已經買了，好吧，三百萬就三百萬吧。之後申請建築執照，幾番洽詢後，終於找到合適的建築公司來估價。一估出來，不得了，索價居然高達七百二十萬美金。這下子很嚴重，但是已經騎虎難下了。不得辦法，只有全盤接受。

爲了這七百二十萬美金的建築費，不知幾度往返美國與臺灣之間。徒眾笑我，每次回佛光山籌措了一些美金帶到美國，返抵臺灣時身上卻帶回一堆衛生紙，因爲我連用餐時的衛生紙都捨不得丟掉。在籌建期中，笑說是用美金換衛生紙也不爲過。

還記得那時候負責畫圖的建築師楊祖明先生，我們告訴他，這個窗子要稍微大一點吧？他就說：「那要重

畫，要再給我兩個禮拜，得暫時停工。」爲什麼要停工呢？只不過是畫窗户的圖，其他的地方還是可以繼續啊！怎麼會有關係呢？

後來兩個禮拜也過了，咦？怎麼還沒開工？他又說，承辦人休假出去旅行了，要一個月纔回來。再過四個禮拜了，怎麼還不開工？他又說，他太太生産去了，在醫院照顧太太。那我們的工程到底要什麼時候纔會繼續建呢？等了又等，真是遥遥無期，在美國買房子很容易，建房子就是這麼困難。

除了經費是一個令人煩惱的問題外，建寺的過程也遭遇到兩個困難。一個是舊金山萬佛城的宣化法師竟然寫信到加州政府，投訴我們是臺灣來的外道邪教，要求政府不可准許建寺，還要禁止我們進入美國。美國政府把這封信給我們看，大家都很驚訝，怎麼會在這個要緊的時刻發生這種事呢？這封信就好像在我們的心臟上插了一把刀，令我們很難過。

但是洛杉磯的政府反而安慰我們說：「没有關係，宣化法師又不是美國政府，他不能代表做決定，你們照常申請好了。」所以，我覺得美國政府很可愛，只要你不違法，美國政府其實都會幫助你的。

在美國，若是有人寫了一封無頭信，這是没有用的。因爲政府會依法先調查寫信者是誰？投訴事項是否屬實？不像我們，只要一塊錢郵票的投訴信，當局就跟在後面忙得團團轉，還要保護那個投訴者不暴露，躲在背後，所以臺灣的社會怎麼能公平呢？

第二個反對我們建寺的也不是當地人，是來自臺灣的「中華耶穌教會」。他們的教友每天就在西來寺預定地的山下打鼓敲鑼，抗議我們在那裏建寺。但是，我們是經過六次公聽會、一百多次的協調會，甚至也有天主教、基督教的神父、牧師也支持我們建寺。

每一次的公聽會，美國的天主教、基督教會都幫助我們，美國人都説歡迎；甚至當地有一位信基督教的女企業家海蒂，她向大家說：「我曾到中國旅行，看過中國的佛教，佛教很正派、很偉大。」也有一些神父、牧師説：「我們在中國看見的佛教是正當的宗教。」

記得有一次公聽會上，一位娶了越南籍太太的牧師表示：「我是基督教徒，太太是越南人，我太太天天以淚洗面。但現在看到這麼多法師來這裏，每天都很開心，展開了笑容，我們的家庭需要佛教！」因爲那時候正是越戰時期，他的太太每天哭泣，後來看到佛教的出家人纔展露笑顔。

而我們建寺院弘法，無論做什麼，當地的民衆對我們都很友好。雖然佛光山西來寺在建寺過程中，舉辦過很多次的公聽會，建寺很困難，不過，這是因爲建寺的面積太大，當地居民深怕對他們的交通，或山區的動物會有不良影響，因此，纔需要舉辦公聽會來與他們溝通。

每次的公聽會大家都可以發言，五里之内的居民都可以參加，那時反對我們的聲音，主要就是怕交通量太大、人口增多，諸如此類有關環保問題。雖然那是個偏僻的地方，但是居民説會有馬要走路、會有飛鳥野獸要通過；還有人説，在六十號高速公路上，遠遠就會看見寺廟，寺廟太莊嚴雄偉，會讓人分神而忘記注意前方的路況而出車禍等等。關於這些問題，美國政府還幫忙在高速公路建了一座高大圍牆，把我們遮起來，讓馬路上的行車看不到。

皇天不負苦心人，經過慈莊法師等人發起請願及簽名運動，西來寺的建照終於通過了，並且在一九八八年七月二十四日佛像開光正式啓用，前後花費共十年的時間，最終以三千萬美元完成建設。這其中的點點滴滴，可以説歷經了千難萬苦。

落成之後，巍峨莊嚴的西來寺，成爲美國第一座國際化的十方叢林，備受大衆肯定。美國當期的《生活》（Life）雜誌甚至形容西來寺是「美國的紫禁城」，被譽爲北美洲第一大寺。

值得一提的是，西來寺落成的同時，主辦了「世界佛教徒友誼會第十六屆大會」，這是世界佛教徒友誼會第一次走出亞洲到西半球召開的會議。另外，傳授的「國際三壇大戒」計有三百餘位來自世界各地的戒子到此受戒。

我們以西來寺爲根本，陸續又應信徒的要求，在美國聖地牙哥、舊金山、拉斯維加斯、紐約、丹佛、北卡、波士頓、休士頓、達拉斯、奧斯汀、邁阿密、堪薩斯、聖路易、芝加哥、佛州奧蘭多，甚至夏威夷、關島等地創立道場。

除了西來寺，在美國的道場房舍，大部分都是買現成的，但也有四五個地方是我們自己建的，如奧斯汀香雲寺、休士頓中美寺、聖地牙哥西方寺、北卡佛光山、佛州光明寺等。以下我就概略敘述幾個道場成立的緣起，或者在當地的弘法情形。

聖地牙哥西方寺

西方寺位於美國加州聖地牙哥，是佛光山繼西來寺之後興建的道場，一九八九年六月落成。

相較於美國各地的佛光山道場，有一段時期，西方人士到訪西方寺的比例勝過於其他地方，每期開辦的英文禪修班、英文佛學班，都以西方面孔爲多。這個現象也就引發了我在西方寺試辦美籍佛學院的想法，希望藉由配合美國的生活習慣和文化，給予當地人士一些佛法上的培訓，讓他們將來都能住持一方，弘揚佛法。雖然之後這個「佛教本土化」工作的試驗期很短暫，但也爲不少西方青年學子播下了學佛的因緣。

舊金山三寶寺、佛立門文教中心

說到舊金山，早年中國人爲了淘金而到舊金山，之後又爲了興建鐵路而到舊金山；無論是謀生或修築鐵路，在那裏，中國人流下了不少血汗，也留下了可歌可泣的歷史，是不爭的事實。

三寶寺位於舊金山市最大的街道 Van Ness 上，一九九一年元旦落成之際，我應信衆的邀請，特地前往主持落成典禮，並爲當時北加州第一家佛教文物流通書局「舊金山佛光書局」主持開幕儀式。

多年後，有鑒於全世界高科技人才聚集此處，爲了提供大家一處學佛的道場，我們又在佛立門（Fremont）成立了一座「佛立門文教中心」。二〇〇三年十月在市政府核准下，發給道場正式使用執照，隔年我再應信衆之請，前往舊金山主持佛像開光典禮，當天有千餘名信衆共襄盛舉，真是把道場給擠得水洩不通。

猶記得在我緩緩揭開紅色布簾，緬甸玉佛正式露面的那一刻，許多信衆都流下了感動的淚水。尤其那時適逢海峽兩岸共同組成的「中華佛教音樂展演團」即將在當地美生堂表演中心公演，一百六十多位海峽兩岸佛教界的出家人齊聚道場，信衆們難得看到這麼多法師，都相當地歡喜。

當天，佛立門文教中心也舉辦了一場皈依典禮，近千位皈依者當中，百分之九十五擁有大學及碩士學歷，並且都是在鄰近高科技公司服務的專業技術人員。尤其爲了讓這一次活動能夠順利舉行，還有將近一百五十位義工第一次投入道場服務工作，爲能進一步讓他們瞭解「義工」的意義，我特地做了一場講說，希望未來他們在義工服務的路上能獲得更多的歡喜。

拉斯維加斯蓮華寺

蓮華寺位於內華達州有名的賭城所在地拉斯維加斯，早在一九八二年就已經創建，一直到了一九八八年纔又覓地重建，目前由兩位比丘尼慧光和印堅法師駐錫。

一般來說，每逢週末假日，出入寺院禮佛的信徒應該是最多的時候，但是蓮華寺不然，這一天，不但寺裏

没人來，就是街道上一個人也没有；因爲當地的居民多服務於賭場，多數人都聚集到賭場去了，只有等到工作忙完，休息了一天後，星期二人潮纔會逐漸出現街頭。

蓮華寺地處欲樂籠罩的賭場，可以説是塵海中的一朵浄蓮，感謝慧光和印堅兩人的發心，我想，那裏的人必然是更需要精神上的提升和佛法的滋潤了。

丹佛講堂

丹佛講堂位於科羅拉多州首府丹佛市中心，當初是在丹佛佛光協會謝典豐會長等人熱心覓地下，購得建寺土地。記得一九九二年我到美國弘法時，謝居士歡喜地告訴我，他是一位建築工程師，每天與鋼筋水泥爲伍，爲事忙碌，思想上難以獲得啓發，自從投入籌組佛光會之後，每天爲人而忙，雖然難免有逆境考驗，但是生活上有回響，也就覺得人生充滿了意義。

一九九四年九月，丹佛講堂終於完工落成，我特地前往主持佛像開光暨道場落成典禮。當天講堂裏裏外外，洋溢著法喜的氣氛，也就讓我想到謝居士當年的一席話：没錯，爲人忙碌真好，忙就是營養！

目前丹佛講堂辦有中文學校，安排的課程豐富多元，舉凡書法、手工藝、唱歌、舞蹈等，都吸引不少家長帶領小孩前往學習。因此，慢慢地，這許多家長也都認同「人間佛教」，甚至主動投入道場義工服務的行列。

奥斯汀香雲寺

奥斯汀是德州首府的所在地，城市中諸多丘陵地形，而香雲寺就建在這個湖光山色的地區。一九九四年九月，我應信衆的邀請前往主持動土典禮，當天，承蒙奥斯汀市議員卡斯格爾斯亞（Gus Garcia）還代表市長宣佈九月十日爲「奥斯汀佛光日」，並送了我一把奥斯汀的金鑰匙，也就讓我對德州人民的友善，印象特別深刻。經過了六年的建設，道場終於在二〇〇〇年完工落成。

奥斯汀是多所大學的所在地，二〇〇四年當我前往當地弘法，在香雲寺舉辦佛學講座，講説「五蘊皆空」時，近千人的聽衆之中，就有半數以上是美籍人士，尤其碩博士乃至大學教授多達百人以上。

之所以取名爲「香雲寺」，一方面是奥斯汀所在的小山丘，經常雲霧繚繞，大片的樹林裏有百分之七十是檀香木，以「香雲」爲名自是不爲過。另一方面，「香」代表心香一瓣，「雲」有自在瀟灑的意思，寺院取名爲「香雲」，也就是勉勵大衆在人格道德上，能有芬芳香味；在生活上，能如行雲流水般自由自在。

説來，奥斯汀香雲寺建寺的因緣很有趣，有一位鄭女士罹患了重病，心情非常低落，但是有一天晚上睡覺時，竟然夢到了一位出家人用英文鼓勵她。一覺醒來，整個人頓覺神清氣爽，不再擔憂身體狀況了。後來當她看到我時，驚呼原來夢中的出家人就是我，但事實上，我並不會英文。她自己也覺得很奇妙，得知我們正在尋找建寺土地後，就很熱心地幫忙找地。

最後香雲寺在嚴寬祜居士出資、時任奥斯汀佛光協會會長的陳勝亭居士出力下，財、力一起，再由我發起興建而成。尤其當時四周圍的每一棵樹木都有陳勝亭居士的用心編號，那麼在樹林環繞之中的香雲寺，也就堪比兩千多年前佛世時代，給孤獨長者獻地，祇陀太子捐樹興建「祇樹給孤獨園」的美好因緣了。

休士頓中美寺

中美寺位於美國南部德州休士頓的史丹佛市，一九九四年在時任國際佛光會世界總會副總會長的嚴寬祜居士推動下，休士頓佛光協會首先成立。之後幾經現任會長韋懷箴女士的奔走覓地，終於購得建寺土地。

一九九八年我前往主持動土典禮，於此同時，承蒙休士頓市長 Mr. Lee Brown 對我們的友善，還請代表頒發榮譽市民獎狀給我。

中美寺建成後，景觀優美，不僅綠草如茵，湖水清澈，尤其中國式的寺院建築風格，雄偉開闊，還一度獲得史丹佛市頒贈「最佳市容獎」的殊榮，也獲得宗教部評定爲年度「最佳宗教參訪聖地」。

二〇〇九年，爲了促進海峽兩岸的交流，我請南京棲霞山寺住持隆相和尚兼任休士頓中美寺住持一職。隆相和尚多年前就已成爲我的法子，佛學素養深厚，尤其爲人正派，是佛教界推崇的出家人。當天，我也特地飛往美國休士頓爲他主持晉山陞座典禮，現場海內外嘉賓雲集，有一千多人與會。

這一趟行程，承蒙美國聯邦政府的厚愛，爲了表彰我提倡尊重、包容與和平對社會的貢獻，再一次頒發褒獎令給我，同時也頒發特別嘉獎令給佛光山，肯定佛光山在淨化人心方面的付出和成就，由西來寺住持慧濟法師代表接受。

目前中美寺在隆相和尚的主持下，加之趙元修、趙辜懷箴伉儷積極推動「中美文化講壇」，邀請于丹、嚴長壽、任祥、胡乃元等不同領域的知名人士主持講座或演出，每回座無虛席的盛況，也就讓「寺院即學校」的功能獲得了充分的發揮。

達拉斯講堂

佛光山在美國各大城市設立的道場當中，達拉斯講堂位於三層玻璃帷幕的辦公大樓裏，別有一番特色。

一九九二年，我到休士頓玉佛寺講演之際，應宏意法師與嚴寬祜居士的邀請，首先成立了達拉斯佛光協會。之後又在葛光明居士等人奔波籌募建寺基金下，於隔年購得了講堂大樓，經過整修裝潢，一九九四年九月

開光落成。

目前達拉斯講堂積極投入教育的推展，不但在大樓內設有圖書館，供信衆借閱書籍，並且成立有佛光人文學校，分有學前班、課後輔導班及週日班。道場裏經常都傳來兒童快樂學習的歡笑聲，尤其小朋友們彬彬有禮，見有參訪團到訪，左一聲「阿彌陀佛」，右一聲「吉祥」，讓所有人等看了，都覺得佛法教育的成果豐碩。這也應該就是我們當初成立「中華學校」的最大期望了。希望這許多國家未來的主人翁，在甘露法水的澆灌下，都能爲國家社會奉獻一己之力。

芝加哥禪淨中心

伊利諾州的芝加哥是除了紐約和洛杉磯之外，美國的第三大都會區。而佛光山芝加哥禪淨中心就坐落於納波維爾市（Naperville），經過二年的籌備興建，二〇〇九年七月由佛光山退居和尚心定前往主持啓用典禮。當時由於我不克出席，還委由心定帶了一幅我「示教利喜」的題字前往，希望以佛陀教化衆生的四種方式，作爲道場未來服務信衆的方向。

芝加哥禪淨中心從最初二〇〇三年租用房屋作爲弘法場所，到現在新建道場完成啓用，近十年間，除了例行舉辦的共修法會、文教活動，並設立有「人間兒童學苑」，學員都是一羣九歲以下的學齡兒童，平時除了提供中文的學習，更透過生活點滴的自主參與，爲他們樹立品德。藉由教育的向下紮根，希望這些國家未來的主人翁都能成爲棟樑，爲社會所用。

另外，每年芝加哥禪淨中心在戶外舉辦的佛誕節浴佛法會，也吸引許多海內外人士耐心排隊等候浴佛，二〇〇八年這個活動舉行時，還受到時任芝加哥參議員的歐巴馬總統（Barack Obama）肯定，親筆表達祝賀之意。

因爲佛光人長期致力於各項淨化人心、服務社會的工作，今年（二〇一二年）佛誕節當天，伊利諾州政府頒文公告每年的五月十六日爲伊利諾州的「國際佛光日」。我想，這可以說是對佛光山在美國弘法二十多年的一種肯定了。

佛州光明寺

光明寺地處佛羅里達州奧蘭多國際機場附近，近郊有迪士尼樂園、環球影城和海洋世界等等世界聞名的觀光遊樂勝地。繼宋岱夫婦奉獻旅行社房舍作爲「佛州禪淨中心」用地後，爲因應日益增多的信衆，二〇〇二年在佛光會佛州協會督導葉依仁伉儷的發心下，捐贈現址給我們興建道場。二〇〇四年，時任佛光山住持的心定和尚前往主持動土典禮，之後我便把道場更名爲「光明寺」，取佛州乃「佛光普照之州」的意義。

聽說近幾年來，道場每週舉行的「英文讀書會」，在葉依仁居士長子葉彥浩的發心帶領下，辦得有聲有色，當中不乏大學宗教學教授參與，尤其每年舉辦的佛誕節浴佛法會活動，都有數千名海內外人士參與浴佛、素食園遊會或文化藝術饗宴活動，也就讓我覺得「寺院學校化」的功能在當地是已漸入軌道了。

邁阿密佛光山

邁阿密是一個風光明媚的地方，過去它以選美聞名，但是在我設立邁阿密佛光山後，我則希望未來它也能以佛法聞名。

原本邁阿密的道場是承租一間住宅作爲信衆共修之用，後來爲了因應日益增多的信衆，在覓得另一處較大的房屋後，於二〇〇三年重修啓用。

近年來，爲了讓非佛教徒也能認識佛教，邁阿密佛光山不定期舉行「道場開放日」活動，安排的各項活動，如：茶道、禪坐、拓印、佛學研討、中醫義診，及舞獅、扯鈴、扇子舞、太極拳、樂器演奏等文化表演，都吸引了不少當地人士前往參加。就連道場所在地 Tamarac 市市長 Beth Talabisco 也帶領全家人一起共襄盛舉。

甚至爲了落實佛教本土化，邁阿密佛光協會發起的每月「英文讀書會」，市長也主動參與其中，並表示希望能協助我推動「人間佛教」的本土化。可以說，由於大家感受到「人間佛教」的清淨善美，都不分身份地投入道場各項活動的護持了。

北卡佛光山

北卡是美國羅萊納州州政府所在地，文教發達，學者如林，人文氣息濃厚，尤其以出過三位總統：第七任的安德魯·傑克遜總統（Andrew Jackson）、第十一任的詹姆斯·波爾克總統（James Polk）以及第十七任的安德魯·約翰遜總統（Andrew Johnson）聞名。

一九九五年，在我要從達拉斯坐車前往下一個弘法地點時，北卡佛光協會的會長蕭麗冠女士一個箭步趕上來，激動地對我說：「大師！希望您也能到北卡來弘法。」惦記著她渴求佛法的樣子，一九九八年我首次前往北卡弘法。當時應當地信衆熱烈邀請，希望我能在當地設立道場，於是二〇〇〇年我便請覺泉法師前往負責籌備工作。經過漫長的歲月，道場終於在二〇一〇年落成啓用，當天由心定和尚主持灑淨儀式，並由信衆代表爲我題寫的「玉佛寶殿」匾額揭幕。

初期道場以組織讀書會作爲發展方向，大約分作四類：英文讀書會、留學生讀書會、中文讀書會、經典讀書會。逐漸地，便接引了許多當地的年輕人學佛，學校更是經常帶領學生前來參訪。

目前，北卡佛光山在永瀚法師的帶領下，投入文教弘法不遺餘力，道場裏時常有青年學生出入參與活動，尤其「北卡佛光青少年交響樂團」自組織後至今不到三年，每每受邀參與市政廳、社區各項大型活動或宗教音樂會的演奏；雖然成員都只是十來歲的青少年，但是對於「人間佛教」的推展已經是小有貢獻了，真可謂「四小不可輕」。

紐約道場

名列世界最大都市之一的紐約，經年沒有地震發生，全市高樓林立，尤其位居交通要衝，工商業發達，佛光山紐約道場就坐落於皇后區法拉盛市。

紐約道場原本是一棟第二次世界大戰期間建成的倉庫，後來在當年西來寺住持心定和尚，以及在天普大學修讀博士學位的慧開法師等人接洽後購得。之後由負責海外道場建設督導工作的慈莊指導，裝修完成，於一九九三年十月啓用。想到過去紐約地區，有不少佛教大德前往弘法，但都只限於接引華人學佛，因此我期望未來紐約道場除了爲華人服務，也能夠有英文人才加入弘法行列。

二〇〇六年，我前往紐約道場主持「三皈五戒典禮」，在近千名的信衆當中，據聞多數都是社會的菁英人才，甚至近百分之四十擁有大學乃至碩博士學歷，也就讓我更加覺得紐約道場在當地成立的重要性；紐約是一個繁榮進步的城市，生活步調緊湊，而佛法能提昇人們的精神生活，當然是有弘揚的必要了。

在紐約道場，最具有代表性的活動組織應該就是童軍團的成立了，早在一九九五年，紐約道場的童軍團就已成爲美國童軍總會的分會，是紐約地區第一個由華人，特別是佛教團體立案的分會。難能可貴的，許多童軍團成員都不是佛教徒，但是幾年參加下來，因爲家長感受到道場的熱忱，都紛紛組織義工團隊，協助常住各項活動的舉辦。

另外，自從國際佛光會成爲聯合國非政府組織成員後，二〇〇九年，在紐約市中心設立有佛光會駐聯合國辦事處，是臺灣第一個在曼哈頓設立聯合國專屬辦公室的民間社團，現在由紐約道場住持覺泉法師兼任辦公室主任。

波士頓三佛中心

一九九九年元月正式啓用的三佛中心，地處於學術重鎮的麻州波士頓，道場空間雖然小，不到五千尺，但是所謂「維摩丈室」，意義卻很大。在這座城市裏有一百多所大學，我們的三佛中心就剛好位在哈佛大學和麻省理工學院之間，當初道場的成立是爲了便利國際學者研究佛教而設的。之所以取名爲「三佛中心」，則是因爲這個地方，一來有佛光山，二來有佛光會，再加上哈佛，也就是「三佛」了。

在三佛中心，進出的多是當地的高級知識分子，爲了服務大家，我們另外設立了一間滴水坊，供作社會人士開會或聚會之所，據説風評不錯，連當地的報紙雜誌都曾給予推薦報導，甚至評爲「有法味的素食餐廳」。

當初耶魯大學出身的博士依法法師在那裏擔任住持期間，接引了許多來自當地名校的各國青年學生，也多次辦理「青年禪林生活營」，帶領他們回到佛光山學習佛法，在度衆上可謂有所貢獻。可惜的是，依法沒有讓這許多西方學生融入大衆之中，在他們難以深入瞭解「人間佛教」的意義下，各自回臺之後，就甚少再有後續和佛光山大衆接觸往來的因緣了。

不過，有一件事情倒是值得一提，二〇〇四年十月，由三佛中心、哈佛大學及史密斯學院聯合啓建的「瑜珈焰口法會」，首次進入了哈佛大學舉辦。當時由時任佛光山住持的心定和尚前往主法，會場有來自波士頓地

區各大學的教授、學生和信衆等六百多人參加，並有專門研究焰口法會的教授以電腦投影英文儀軌內容，一時間，大家對於佛教法會也展開了一股研究的風氣，這在西方社會中實屬難得。

關島佛光山

說起關島佛光山的啓建因緣，就要從一九八六年日月光集團負責人張姚宏影女士將關島事業移回臺灣說起。當時被公司奉派在關島服務的馮潤樁經理，在即將撤廠離開關島前夕，夢到觀世音菩薩要他跟老闆說：「關島什麽宗教都有，就是沒有佛法。」由於這一段因緣，虔信佛教的老闆張姚宏影女士主動提供了一棟房屋，作爲佛光山在關島的道場。

後來因爲信徒人數逐漸增加，道場空間不敷使用，我們只有再於距離國際機場不到五分鐘的路上，購買一塊土地作爲建寺用地。經過兩年多的施工，一九九九年四月三日道場落成，當天我應邀和總督 Mr. Carl. T.C Cutierrez、副總督 Mrs. Madeleine Bordallo 等貴賓共同主持落成剪綵儀式，有兩千人共同見證這歷史的一刻。當佛教教旗在關島土地上冉冉升起的那一剎那，許多人都流下了感動的淚水，歡喜的心情真是難以言喻。

之後關島總督的一席致詞，更是讓人看到了領導人的開闊心胸。他說：「感謝佛光山將最好的東西帶到關島，希望未來能吸引更多的佛教徒到此發展。」甚至在關島佛光山尚未落成前，關島政府便已迫不及待地想要將寺院的所在位置標示於地圖上，以便推薦給來自世界各地的觀光客。

最讓人感動的，則莫過於落成當天，我主持了一場皈依典禮，六百多人參加的盛況，信衆渴求佛法的心情，一時間真叫我覺得佛法是遲來了，不過可喜的是，佛法也終於來了。

除了上述幾個道場，佛光山在美國的道場還有：加州的南灣佛光山、奧克蘭佛光寺、舊金山菩提寺、亞歷桑那州的鳳凰城禪淨中心、密蘇里州的聖路易禪淨中心、紐約的鹿野苑、新澤西州的新州禪淨中心以及夏威夷禪淨中心等等，甚至在距離西來寺不遠的惠提爾市玫瑰崗墓園，我們也興建了一座玫瑰陵，希望協助信衆或親眷往生靈骨奉安事宜，在此我就不再一一敘述了。

從最初的教堂揭開序幕後，到一九七六年開始籌備建西來寺以來，迄今也將近四十年了。在美國弘法建寺的過程中，縱然遇到許多艱難的事情，不過，一路走來，現在美洲也有三十二座分別院道場了。

很感謝來自各界的善美因緣，促成美洲佛教的發展。當然，西來寺歷任的住持：慈莊、慈容、心定、依空、依恒、慧傳、慧濟，以及早期參與西來寺開山的依航、依勤、依照、依住、依果、永文等法師，和近十多年來，分任美國各地道場住持或當家的依宜、依宏、依是、依法、慧光、印堅、永全、永如、永善、永瀚、滿敬、滿光、滿普、滿燈、覺法、覺懺、覺麟、覺聖、覺安、覺妙、覺凡、覺嚴、覺瑞、覺昭、覺行、覺淳、覺泉、覺衍、妙華、妙涵、妙西、妙弘、如揚等等，都有了不起的發心和貢獻，希望後人可以知道這些得來不易的緣分，好好珍惜！

我在南美洲佛教的起跑

南美洲人情熱絡，蕉風椰雨，風光美妙，尤以巴西亞馬遜河的風光、聖保羅的人文風情、巴拉圭伊瓜蘇瀑布的景致、阿根廷「世界小姐」的光彩，以及智利銅礦的盛產等，聞名國際。

在這個民衆普偏以天主教爲信仰的南美洲，說起佛教傳入的淵源，最早應該是在二十世紀五六十年代；那時候，日本人大量移民南美洲，而將佛教信仰帶入。之後，陸陸續續地，又有來自臺灣、韓國、越南、藏傳、南傳等地的佛教傳入。但是直到一九九二年，因緣具足，佛光山纔將弘法的脚步延伸到南美洲，爲南美洲「人間佛教」的弘揚打開大門。

巴西聖保羅如來寺

說到我與南美洲的結緣，就要從巴西說起。巴西是拉丁美洲面積最大、人口最多的國家，過去由於歷經多次移民潮，曾是一個混血的民族，也是日本移民聚居的國家。四季如春的巴西，没有種族歧視的問題，民衆熱情善良，尤其喜好運動，愛好足球的程度，幾乎讓每一個城鎮都設有足球場，並且組織有足球隊。目前在南美洲不少國家當中，官方語言以西班牙語爲主，唯獨巴西使用葡萄牙語。

一九九二年，我人在臺北，聽說一位南美洲的企業家許叠先生要找我，並有要事相托，雖然弘法忙碌，爲了給人歡喜，我們還是相約見面。會面當天，他告訴我他在巴西聖保羅興建了一間觀音寺，希望能邀請我前往主持開光落成典禮。

當時我問他：「寺裏面有出家人嗎？」他告訴我：「南美洲没有出家人。」那麼大的一塊土地，怎麼會没有出家人呢？一聽他這樣的說法，我當即就問：「聽說元亨寺在阿根廷建有寺院，一位普獻法師還在那裏推行斷食修行，不是嗎？」但是據他說，普獻法師並没有長住當地，只有短暫居留。經他這麼一說，我心裏便動了念頭，決定到南美洲一行，也爲他興建的觀音寺主持開光落成典禮。不久，我們就組織了一個小團隊，準備前往南美洲進行弘法考察。

當然，人在異鄉最重要的就是解決吃和住的問題，但是久住飯店總也不很適當。正當大家在爲食宿問題發愁時，有一位張勝凱居士（一九四一年生，臺灣臺北人）傳來消息說，他在聖保羅郊區有一棟花園別墅，平日作爲修持之用，名爲「静心精舍」，容納二三十個人應該不成問題，如果我們不嫌棄，就可以到那裏掛單。大家聽了之後，當然是非常高興。

張勝凱居士是華人之光，當年年輕有爲的他，在巴西發展企業，就有非常突出的表現，被推爲世界臺灣商會聯合總會會長。他是臺灣大學的高材生，畢業後負笈日本東京大學，進入營養化學研究所攻讀學位，後來成爲臺灣聲寶公司創辦人陳茂榜先生的女壻。

張勝凱居士茹素，以弘揚佛法自居，是一位有修有德的人士，他不但在巴西樂善好施，也曾捐贈五千萬元給母校臺灣大學，是一位輕財重義的居士。一九七三年，他們全家移民巴西之後，據聞他不僅提供自家佛堂作爲共修之所，梵唄更是唱得好，舉凡大磬、木魚、鈴鼓、鐺、鉿等法器，樣樣都熟悉；在南美洲没有一個出家人的情況下，他還組成了一個梵唄教學班，聽說有三五十人向他學習佛教的五堂功課，並且與友人籌建「中觀寺」，發行《中觀》月刊，弘揚正法。

我們住進了他的別墅之後，慢慢地，對許叠居士的觀音寺有了進一步的瞭解。據悉，觀音寺是一間神佛不分的香火寺廟，當初是許叠居士爲了將來供給南美洲人士禮拜，也能收取一點香火利潤而建。我聽了以後，忽

然猶豫起來，覺得佛教不能這麼商業化，不得已只有推托，請別人前去參加法會，我也就不去了；實在說，這並不是失信，爲了弘揚正法，我總要維護佛教的水準。張勝凱居士對我的決定也表示贊成。

那麼，在張勝凱居士的別墅裏住不到兩三天，他就對我說：「大師！如果您肯到南美洲來弘法，或者派弟子來駐錫，我就把這一間花園別墅送給佛光山，將來可以在這裏建立道場。」對於張勝凱居士捨宅爲寺的發心，同時想到南美洲很需要佛教的普照，我當然是義不容辭，也就接受下來了；並且，我跟他說，屆時我們在巴西成立佛光會，邀請他擔任會長，他也直下承擔地就答應了。

很快地，巴西佛光協會就成立了。但是，有一次，這許多會員集合開會的時候，卻對張勝凱居士說：「這一棟別墅最好不要送給佛光山，只要作爲佛光會在聖保羅的會址就好。」張居士不愧是個有遠見的佛教徒，他說：「不可以！假如讓別墅成爲佛光會的會址，將來佛光會人事改選以後，就不知道房子的主人是誰了；送給佛光山，佛光山是寺院，所謂『跑得了和尚，跑不了廟』，將來他們的出家人在這裏一代一代地，前仆後繼地主持寺院，纔不會走樣。」他心意已決，就把這一幢別墅交給佛光山管理了。

至於佛光會，他就把會址設立在距離別墅不遠，走路不到三五分鐘的地方。這裏有六座網球場，兩座籃球場，是一個休閒運動的場地。但是自從佛光會成立以後，張勝凱居士便公告一項訊息：凡是佛光會員到此打網球，一律免費。頓時之間，聖保羅愛好網球的三百餘人都加入了佛光會做會員。

張勝凱居士自從捐出別墅之後，便不再干預我們所做的任何決定，包括寺院名稱也可以自由定名。當時我心裏想，我們一個出家人，可以如如而來，也可以如如而去，所以就將「靜心精舍」更名爲「如來寺」。不久，佛光山派了覺誠、覺聖法師前往駐錫，未幾，巴西協會也成爲國際佛光會世界總會下有名的五大協會之一：一是臺灣，二是馬來西亞，三是香港，四是洛杉磯，第五就是巴西協會了。

再過一段時日，從臺灣運來了佛像，南美洲的巴西，有了如來寺的佛，佛光會的法，常住的僧，一下子，三寶俱全了；之後，我們就把別墅旁的民間土地也承購下來，總共二十六公頃，並且開始請人繪製設計圖，擴建如來寺。

二○○三年十月五日，如來寺終於克服萬難落成了，我再度踏上巴西的土地，主持佛光山在南美洲的第一座寺院的開光啓用典禮。這時候的如來寺已經成爲南美洲第一大寺，啓用當天，巴西總統魯拉（Luiz *Inacio Lula da Silva*）特別發出賀函，聖保羅州州長 Geraldo Alckmin、Cotia 市市長 Quinzinho Pedroso 及議員等也都親臨道賀。

巴西是一個講葡萄牙語的地方，爲了讓佛教在巴西順利發展，語言甚爲重要，因此，雖然覺誠法師早已從馬來西亞大學畢業，我還是請她再到聖保羅大學去修葡萄牙文學分，同時教授佛學課程。也因爲這一層關係，日後聖保羅大學邀請我去講演、天主教 Dom Claudio Hummes 樞機主教和我展開宗教對話，甚至距離巴西不遠的阿根廷、巴拉圭也都紛紛要我去建寺弘法。就這樣，里約、亞松森、海習飛、智利等地都陸續設立了道場，一下子，南美洲在短期間內就有了多所寺院；可以說，這就是南美洲佛教的起跑開始了！

其後，張居士創辦了一所學校，雖也很樂意交給如來寺管理，但是如來寺人丁單薄，實在難以接受美意。幸好他後繼有人，便由剛從大學畢業的女兒張雅菁小姐接掌校務。張居士熱心推動「人間佛教」，視弘法利生爲己任，然而正當英年，有一次外地出差，卻傳來噩耗，讓我們非常震驚。他的夫人張陳淑麗女士，只有抱著悲傷的心情，繼承他的事業。

佛光會在聖保羅的發展，除了張勝凱居士的支助，他的搭檔斯子林居士，一九二二年生，浙江人，一九四九年來臺後落脚臺中。之後移民巴西定居創業，從事石油、紡織、銀行等業，是巴西商界聞人，也是一

位虔誠的佛教護法。由於爲人謙虛，與人相處和諧，從不輕易拒絕別人，在巴西佛光協會初成立時，大衆一致公推他爲首任會長。只是後來因爲他七十餘歲高齡，加之臺灣、美國都有事業，難以兼顧，在會長一職卸任後，便由年輕的洪慈和居士負起會務運作。

洪慈和居士，一九四五年生，臺灣臺中人，一九六四年全家移民巴西。他是一位虔誠的佛教徒，每天固定在家做完早課後纔到公司上班，尤其和太太洪呂麗月女士每逢週六、日就到如來寺當義工。

視道場如家、佛光會如命的洪居士，既出錢又出力，不但捐贈道場「如來禪園」土地，幫助禪園工程募款，也協助覺誠法師興辦巴西兒童教育，推動「如來之子」計畫，爲兩百餘名巴西貧民窟兒童，提供各項生活技能、才藝課程的學習，以及每週一袋米糧和一些蔬菜等生活所需，同時也鼓勵他們到如來寺踢足球。

巴西的足球是世界聞名，我也很希望他們當中能踢出幾個明日之星，爲中華隊助陣，只是教練難求，巴西兒童雖然對足球有興趣，一般也是遊戲而已，並沒有想要當成終身職業。儘管如此，爲了孩童的身心健康，如來寺還是積極培養他們的運動愛好。在美國的趙宗儀小姐，即休士頓佛光協會趙辜懷箴會長的女公子，當她得知巴西「如來之子」的計畫時，十分感動，還發心前往如來寺做義工，在那裏服務了很長一段時期。

在「如來之子」計畫開辦之後，最初每期招生名額只限一百人，卻來了四五百人，在場地不敷使用的情況下，二〇〇六年，政府提供了一塊可以使用三十年的土地，讓我們興建「光明教育中心」，從此也就擴大了如來之子的學習空間。

十年下來，「如來之子」計畫已經培養了三千多位巴西的兒童、青少年，由於覺誠法師在當地弘法的成就，加之計畫受到當地政府和居民的肯定，Cotia 市政府還特別頒發給她「榮譽市民獎」，這也是巴西首次有比丘尼獲得這個獎項。

談及「如來之子」的計畫，就免不了要提覺誠法師在巴西六次遇賊搶奪財物，甚至幾次遭遇小偷開槍的險境；由於她的臨危不亂，終得逃過一劫。尤其慈悲心使然，小偷臨走前，覺誠還送了幾本我葡萄牙文版的著作給他們，希望他們日後改過向善。自此，她也默默在心裏發下一個願望：「我度不了你們這些賊，但一定要度你們的孩子！」因爲這樣的因緣，促成了「如來之子」的成立，也幫助改善了當地的治安問題。

可以說，巴西如來寺以及佛光會的成長，覺誠法師是重要的推手，她背井離鄉，從馬來西亞來到臺灣佛光山出家，之後接受常住調派到巴西服務，一安住就是十幾年。爲了讓佛教於巴西普徧弘揚，她與洪慈和居士等人，還成立了葡萄牙語翻譯中心，目前已翻譯有二十一類佛學著作；《傳燈》這本書的葡文譯作，更成爲巴西出版界的暢銷書。現在佛光山派駐在巴西的法師，有些是當地發心出家的青年，語文不是問題，非常希望巴西佛光會繼續傳承這種「佛教本土化」的優良傳統。

巴西人和佛教有緣，我們初到巴西時，當地已經有一百多萬的佛教徒。二〇〇三年，我到巴西主持國際佛光會第三屆第三次理事會議，還和巴西聖保羅州聯邦員警總監 Francisco Vicente Badenes Jr. 結下友誼。活動結束後，他問我：「佛法這麼好，爲什麼佛教這麼遲纔傳到巴西來？」我一聽，很自然地回答：「巴西人很有佛性。」他說：「我們巴西沒有人，沒有所謂的『巴西人』！」乍聞此言，我大爲訝異，Francisco Vicente Badenes Jr. 進而解釋：「巴西的一億六千萬人口，大多是外來移民，全世界的人，誰到巴西來，就是巴西人。」這番深有見地的話讓我體會到：我們來到臺灣，就是臺灣人；對全世界移民人口的認同，就是對民衆的尊重。

二〇〇四年春節，Francisco Vicente Badenes Jr. 和他的夫人 Dra. Maria Luiza 特地到佛光山皈依三寶，我爲他們分別提取「普智」和「普慧」的皈依法名，並鼓勵兩人退休後擔任檀講師。Francisco Vicente Badenes Jr. 問我：「巴西有許多吸毒者，怎麼幫助他們？我好像手中握有種子，卻一直找不到好的土壤可以讓種子發芽。」我看著他，回

答說：「中國人有一句話說：只問耕耘，不問收穫。」當時，Francisco Vicente Badenes Jr. 點點頭，似有所悟，未來想必有更多人會因他而受益吧。

現在，如來寺僧信大衆無不積極推動佛光山的四大宗旨：「以文化弘揚佛法」，出版葡文佛教圖書譯著；「以教育培養人才」，創辦佛學院，培育弘法人才；「以慈善福利社會」，推廣「如來之子」計畫；在「以共修淨化人心」方面，則有每週舉行的共修會，採取華語及葡萄牙語雙語進行，以實踐佛教本土化的理念等等。

過去，巴西民衆普徧信仰天主教，但近年根據巴西民調顯示，學歷越高者，對佛教的認同度也就越高。特別是今年（二〇一二年），巴西總統久瑪（Dilma Rousseff）還特別頒佈每年五月的第二個星期日爲「佛陀日」，最是振奮人心。

甚至 Cotia 市政府副市長 Moisezinho 在出席如來寺舉行的慶祝佛誕節浴佛法會暨三好作文詩歌比賽頒獎典禮上，還向在場的近四千位貴賓及信衆說：「據統計，如來寺的參訪人數已經超過勝地 Bonito（巴西著名的生態小鎮），使得如來寺所在地 Cotia 市更廣爲人知，不但活絡了城市的經濟，也帶動了社區的繁榮。」語末並表示：「如來寺是 Cotia 市的一塊大福地，歡迎大家經常前來參訪，廣種福田！」副市長的一席話，令所有在場人士無不感到振奮；綜觀佛教淨化人心、改善社會風氣的作用，在巴西是獲得政府和民衆的肯定了。

當然，這許多弘法的成就，不僅有賴第一任住持覺誠法師的開荒拓土、第二任住持妙多法師的務實發展、現任住持妙遠法師的勤奮耕耘，以及所有在南美洲弘法的徒衆們奮鬥打拚，還需要熱心佛教事業的信徒護持。長久以來，像：斯子林、張勝凱、謝昌遠、劉學琳、劉學德、陳森振、伍季麟、劉素花、斯碧瑤、石曉雲、洪呂麗月、吳耀宙等衆多信徒的發心，我們無以爲報，只有以努力推展巴西佛教的發展作爲回饋了。

里約禪淨中心

目前，佛光山在巴西除了聖保羅的如來寺，也發展到里約及海習飛等地。

里約（Rio de Janeiro）是巴西的第二大城市，風景秀麗，素有「小桂林」之稱，而佛光山里約禪淨中心就坐落在工廠林立、交通便利之地。一九九二年，我首次前往里約弘法，時隔一年，佛光會里約分會在熱心信徒的奔走下終於成立；第一任會長由蔡正美居士擔任。

最初信徒集會共修，是在吳國瑞居士提供的自家大廳進行，之後由於空間不敷使用，斯子林居士便發心提供房舍，作爲弘法之用。慢慢地，在信徒積極尋覓下，纔於里約北區購得一幢三層樓房子。

目前，如來寺法師每個月至少都會前往普照一次，帶領里約的信衆共修、禪坐以及參與讀書會等活動。尤其里約佛光會在督導蔡正美、徐堂元、黃慶鑫、賴素珠以及現任會長黃清標的領導下，積極投入當地的慈善關懷，每年定期舉辦年終物資發放，關懷麻瘋病院，邀請貧民區兒童到道場歡度巴西兒童節等等。甚至去年（二〇一一年）初，里約遭受連日暴雨的侵襲，損失慘重，佛光會里約分會在第一時間就與里約紅十字會取得聯繫，進行物資捐贈事宜的協商，並且做款項、物資的籌募。

由於佛光人在當地的服務奉獻受到肯定，今年（二〇一二年）六月，妙遠法師受邀到里約的中國景觀亭（Vista Chinesa），主持「紀念華人移民巴西二百年追思大會超薦祈福儀式」。蒞臨的貴賓有：臺灣駐巴西代表徐光普、駐巴拉圭代表黃聯昇、「環保署副署長」葉欣誠、前「交通部長」簡又新以及衆多的僑界人士等。

同年，聯合國「Rio+20 全球高峯環保會議」在里約舉行時，因爲國際佛光會爲聯合國非政府組織團體會員，巴西佛光協會顧問斯碧瑤、里約分會會長黃清標等四位佛光人，也代表出席了此項國際會議。

可以說，里約禪淨中心在里約佛光會的護持下，寺務發展漸入佳境；而里約佛光會在里約禪淨中心弘法方

向的指引下，更是大放異彩了。

海習飛佛光緣

一九九二年，我在聖保羅主持皈依典禮，巴拉圭最早的移民中，有一位八十歲的金潘昭華老太太爲了趕赴這場典禮，特地由兒女陪同搭機，飛了三千餘里的航程前來參加，從此也就播下了海習飛（Recife）佛光緣成立的種子。

不久，覺誠和覺聖法師前往海習飛弘法，老太太的兒子金佩仁居士得知，廣邀華人在臨時借用的場地聽法。由於這一次聚會的因緣，海習飛佛光分會在信衆的催生之下，首先成立，會長一職並由大衆公推金佩仁居士擔任。從此，每兩三個月，如來寺都會派遣法師前往輔導會務。

漸漸地，會員信衆越來越多，在第二任會長劉麒祥居士凝聚信徒的力量下，合力請購了一棟餐館，並改建成道場；雖然場地不大，但是設備尚稱齊全，終於，海習飛佛光緣也隨之成立了。道場一成立，信徒有了慧命之家，也就更增加他們學佛的信心，經常參與道場乃至佛光會所舉辦的活動。

繼劉居士之後，接任會長職務的曾盛梅、陳碧雲，也都是發大心的護法，舉凡救苦救難、關懷慰問、烹調素齋，樣樣都能承擔，就更增佛光緣的弘法能量了。

一點「佛光」的照耀，真是爲海習飛帶來了佛教發展的因「緣」。今年（二〇一二年），在南美洲各地道場舉辦的「佛光山南美洲同步佛學會考」，光是海習飛佛光緣的這一場，與會的巴西人就占了總人數的五分之三；尤其道場在覺曦法師的帶領下，每年定期對外舉辦的「一日禪修」，也都不乏當地出身的律師、醫生、教師、工程師等知識分子參與，佛教「本土化」的程度真是一點都不遜色。

巴拉圭禪淨中心

巴拉圭是位於南美洲中南部的小國，面積爲臺灣的十一倍大，四周被巴西、阿根廷、玻利維亞所圍繞，屬於一個內陸國家。

一九九二年，我應臺灣信徒郭文琦的母親郭徐玉珠女士邀請，前往巴拉圭東方市最大的會場大陸講堂（Continental Show）講演。當時巴拉圭還沒有寺院，找不到佛像莊嚴講堂，信衆們還請人特地繪製了一幅大型佛像供奉。因爲他們學佛的虔誠，也就讓我興起想要在巴拉圭成立佛光會的念頭。

由於華人在當地的勤奮表現，以及對社會發展的貢獻，當我們一行弘法團到巴拉圭時，官方警力還護送我們前往參觀伊泰普（Itaipu）水力發電廠的運作情況。據「中華會館」陳傳庚秘書長說：「連外國官員來訪，也不一定有這樣的殊榮。」可見得華人在當地是受到肯定和尊重了。

同年，由於當地信衆十分認同「人間佛教」，加上紀文祥、李雲中、陳慧淨等居士出面籌組佛光會，巴拉圭佛光協會終於成立，並且成爲該國第一個佛教團體。

協會成立之初，每逢共修，都是借用郭徐玉珠女士的家中客廳作爲聚會場所，慢慢地，纔又承租了市中心玫瑰大樓的一處小空間。一九九三年，各方因緣成熟，終於購得同樣位於市中心的國際大樓五樓，作爲巴拉圭禪淨中心的現址。

說起協會首任會長紀文祥居士，一九三一年生，在當地是一位聲望很高的華裔紳士，不但知書達禮，廣結善緣，上自官方、下至老百姓都對他很尊重，尤其熱心會務，不論國際佛光會理事會議在哪個國家召開，路途有多遙遠，飛行時間有多久，他總是如期參加。海洋大學畢業的高材生覺聖法師，在紀居士以及相繼接任會長一職的李雲中、宋永金、陳淑芬和林本鋒等，帶領會員大衆協助之下，加之於當時派駐巴拉圭的王昇先生多所

關心，以及巴拉圭政府對寺院的友善，巴拉圭禪淨中心的寺務可謂蒸蒸日上。

其中，巴拉圭佛光人本著慈悲之心，在當地做了很多慈善事業，例如：爲了改善交通安全，捐建人行天橋；爲了嘉惠行動不便人士，廣捐輪椅；與巴拉圭華人慈善基金會發起辦理「中巴佛光康寧醫院」，爲當地貧戶義診，並提供早產兒保温箱，救助清寒家庭不足月的嬰兒；推動「零飢餓計畫」，用當地價廉物美的黄豆，教導民衆製造高營養的豆漿，和各式各樣的食品。除了贈送豆漿機，也設有愛心豆漿站，每個月免費供應三千四百個家庭和兩所醫院。

佛光會的種種善行義舉，巴拉圭前第一夫人 Susana Galli 還盛讚爲「奇跡」，可見佛光人在實踐「給」的過程中，不僅福國利民，也獲得了巴拉圭社會的認同，是名副其實的世界公民。

亞松森禪淨中心

巴拉圭的首都亞松森（Asunción），因爲地處南美洲内陸，比起南美洲其他國家，更難得有聽聞正法的因緣。一九九二年，當我到巴拉圭東方市出席巴拉圭佛光協會舉行的佛學講座時，亞松森纔有一兩位信衆參與其中。想到仍有廣大衆生未能聽聞佛法，我覺得成立佛光會是刻不容緩的事；終於，隔年心定和尚前往亞松森主持有史以來首次佛學講座之後，佛光會亞松森籌備會成立了。

再經過三年，亞松森佛光分會正式成立，首任會長由蔡豐麒擔任。最初，大衆共修都是借用信徒家中的車庫，後來由於人數增多，共修場地不敷使用，一九九七年，在第二任會長洪鴻榮聯合僑界共同發心下，捐贈了六百坪房舍作爲道場，佛光山於巴拉圭的弘法纔有了新的據點。二〇〇〇年，可容納百人的大殿完成，有了活動中心和圖書館，這時候亞松森禪淨中心的弘法功能，就更爲俱全了。

目前，亞松森佛光人除了平時的共修集會，在亞松森分會傳明珠會長、詹麗華督導的帶領下，對於當地的各種慈善活動也都積極參與。例如爲幫助身心障礙兒童復健治療，巴拉圭每年舉辦的全國最大慈善募款盛會 TELETON，亞松森佛光分會也都會到活動現場設置素食義賣攤位，共襄盛舉。

另外，亞松森禪淨中心成立有「西文讀書會」，至今已行之四年，學員定期在道場聚會研究佛學，人數雖然不多，但大多是巴拉圭籍的學員；可以說，「人間佛教」在當地也引起了一股小小的研究風氣。

在上述兩處巴拉圭的弘法據點之外，其實還有一間貝多芳佛光緣，位於巴拉圭第三大城貝多芳（Pedro Juan Caballero）北部，一九九五年，在李雲中會長主持下，佛光緣和佛光會正式成立。貝多芳人口少，只有區區五萬人，但是佛光人本著廣結善緣的精神，仍然持續發揮佛教淨化人心的教育功能。尤其貝多芳分會的曾錦輝、張南隆督導，都是僑界當中發心護持佛教的楷模，相信在他們身教的示範下，必能讓貝多芳佛教的發展煥然一新。

阿根廷佛光山

一九九二年，我應邀到阿根廷主持佛學講座，這是我首次前往阿根廷弘法，當天有將近兩百位聽衆發心皈依三寶，成爲佛弟子。之後，駐阿根廷商務代表王允昌先生與夫人林淑惠女士，便積極發起組織阿根廷佛光協會，一時諸多信衆紛紛響應。但是就在此時，王代表卻接到回臺灣述職的派令，於是林瑞興先生在衆望所歸之下，接續了創會的任務，成爲阿根廷佛光會的創會會長。

林瑞興居士，一九四〇年生，在阿國經營商業，性格温文尚禮，有爲有守。他曾對我説，在他的岳父往生時，同修黄富美回臺奔喪，特地上佛光山禮佛，望著莊嚴的三寶佛默默發願：「如果星雲大師到阿根廷弘法，我們全家就皈依三寶。」没想到後來我真的去了！在一場佛學講座上，林居士聽了我的開示，覺得佛法蘊含圓

融的智慧，就滿太太所願，全家皈依了。

佛光會在林居士帶動下有了好的開始，一九九三年終於正式成立。在信徒、會員日增的情況下，巴西協會會長張勝凱伉儷，發心捐出位於阿根廷首都布宜諾斯艾利斯（Buenos Aires）的雙層樓房做爲道場。此地本爲高級餐廳，價值上百萬美金，我們不好意思就這麼接受，便盡力提供六十萬美金聊表心意，但是沒想到後來張居士又把這筆款項轉給如來寺作爲建寺基金了。

說到佛光山在阿根廷的弘法，最爲艱辛的一段時日，應該就是二〇〇一年阿根廷在無預警的情況下，突然吹起金融風暴，民衆存在銀行的存款被政府全部凍結，有些人受不了打擊而跳樓自殺，甚至大量的華人移民出走，所幸道場在這場人爲的災難中，靠著信徒們省吃儉用給予護持，而能夠撐持過來。尤其繼林瑞興會長之後，當選會長之職的王任誼居士伉儷，憑著一份對佛教的虔誠信仰，在災難中仍持續發心護持道場，陪伴道場走過國家財政危機帶來的種種困境，帶動道場新的發展局面，實在令人感佩。

王任誼居士，一九六三年生，臺灣臺北人，是國際佛光會「中華總會」秘書長覺培法師的兄長，全心全意護持道場的精神堪比覺培護法衛教的能量，是所有阿根廷佛光人公認的模範護法。王居士從事鞋業製造，公暇之餘，積極投入道場活動，擔任義工，尤其樂善好施，長久以來，都固定從營業收入中規劃部分盈餘，用以支持道場各項弘法事業。

在阿根廷面臨經濟風暴期間，他的公司也深受其害，但是就在許多同行宣告破產之際，據聞他因爲研讀我的著作受用，不但幫助自己也幫助許多人度過難關。從此，每有我的作品出版，他必定率先贊助，並且把我的小叢書擺設在公司辦公室顯眼的地方，任由客户拿取；爲了讓更多人從書中獲益，他還徵詢往來的客户店家同意擺放我的書，購書費用則一律由他資助。甚至每年的阿根廷鞋展，每當有顧客來看鞋，他就以一本我的著作與他們結緣。

除此之外，從二〇〇九年起，在王會長的積極推動下，阿根廷佛光山開辦了精緻型的「佛光中文書苑」，成爲政府認可的第五所中文學校，不僅爲華人子弟的中文能力紮根，也在加强倫理道德的教育。幾期下來，學生表現深受好評，至今連土生土長的阿根廷人，也將自己的子女送到書苑來接受教育。

再說二〇〇三年後，阿根廷經濟逐漸復蘇，爲了讓「人間佛教」在當地有進一步的發展，佛光會不但到孤兒院、貧民區定期關懷；與華人街上最具歷史的 Inmaculada Concepción 教堂，共同承辦「爲世界和平敲鐘祈福大會」；在街頭舉辦浴佛法會，和成千上萬的大衆結緣，也於國際阿語系童軍大會師的活動上，爲八千名童軍介紹佛教、倡導「三好」。

阿根廷佛光人的弘法能量，還不只展現在活動方面，也用心於以文化度衆。自二〇〇四年起，阿根廷佛光山每年應邀參加南美洲最盛大的「阿根廷國際書展」，是唯一參加書展的佛教團體。尤其在阿根廷佛光山國際翻譯中心的主持下，我的著作至少已有四十種西文譯本，像是《迷悟之間》、《佛光祈願文》、《人間佛教的基本思想》等等。在書展的會場上，據說吸引了廣大民衆的購讀，甚至哥倫比亞、厄瓜多爾等地的出版商，都紛紛前來洽詢相關出版事宜；這些書籍後來也被引進智利、巴拉圭、烏拉圭、哥斯大黎加等中南美洲西語系國家。

在佛光人的集體創作下，阿根廷佛光山漸漸地受到政府的肯定。例如二〇一一年，應布宜諾艾利斯市市長 Ingeniero dan Mauricio Macri 邀請，參加了獨立紀念日升旗典禮，有妙遠、妙衆、王任誼督導賢伉儷及現任會長李茂勇等人前往市政廳出席，可謂華人之光。當天，也是僑界的聯合運動會，佛光青年的表現可圈可點，令在場人士十分讚嘆，承蒙佛光青年劉珈妗接受當地電視臺訪問時還說，要將我提倡的「人間佛教」弘揚到南美洲。我想，有了青年人的信仰傳承，「人間佛教」在阿根廷的發揚是更有希望了。

尤其近年來阿根廷佛光青年團的發展蒸蒸日上，更讓我們對西語系的弘法人才充滿期待。現在佛光山長於講說西語的，多數來自阿根廷佛光青年團，例如：現任國際佛光會「中華總會」秘書長的覺培法師，隨團到歐洲參加佛光會理事會後，一九九六年回到臺灣南華大學就讀研究所，後來隨我出家，成爲我在阿根廷的第一位出家弟子。目前她在臺北任職，經常與西語系國家駐臺代表來往，並且帶領他們到佛光山參加各項活動。

另外，佛光大學碩士王慧媛小姐，畢業後留校擔任佛教學院助理，不僅西語會話流利，英語講說更是流暢，凡各國代表蒞臨佛光山或參加凱達格蘭大道上舉行的重要慶典，她總是義不容辭擔任翻譯的義工；到了近期，則又有劉珈妗回臺就讀佛光大學佛教學院。

我想，佛教的發展需要青年，希望未來能有更多的阿根廷青年加入弘揚佛法的行列！

智利佛光山

南美洲除了巴西、巴拉圭及阿根廷外，另一個正在落實佛教本土化的國家就是智利了。

智利位於南美大陸的西部，是全世界土地最狹長的國家，也是拉丁美洲最主要的工業國，擁有世界最大的銅礦儲量，民衆勤勞和善。「人間佛教」傳入智利，最早是一九九五年覺誠法師在巴西弘法之餘，多次前往智利考察，而與當地信衆結下的緣分。那時她不辭路途奔波，到聖地牙哥及北部依基克各個華人家庭，進行一場又一場的家庭普照，爲智利灑下了一點佛法雨露。一九九七年，智利佛光協會終於正式成立，首任會長由吳俊儀居士擔任。

吳居士旅居智利已有三十幾年，多年來秉持佛光山「以慈善福利社會」的理念，持續捐贈輪椅及助行器給依基克省境內需要幫助的人，愛心受到當地人士肯定，尤其兒子吳善鈞更傳承父親的信仰，擔任道場的副主席，協助人間佛教在當地的弘揚，真可謂積善之家。

聽說智利佛光人的發心不懈，一九九八年，我特地請時任國際佛光會世界總會的副秘書長慧傳法師，在前往南美洲秘魯、厄瓜多爾、玻利維亞、阿根廷等國訪問時，也前往智利給予佛光人打氣，並關懷慰問當地僑胞。

三年後，二〇〇一年，智利佛光協會因爲佛教發展的需要，在協會顧問同時也是智利僑務委員的梁政淵居士發起，以及諸多護法信衆共同成就之下，購得聖地牙哥地區 Talagante 市一塊土地，並捐贈爲智利佛光山的道場用地。翌年，妙睦法師被派任爲智利佛光山監寺。

至於我有因緣踏上智利這塊土地，則是二〇〇三年十月，承蒙當地著名的天主教聖多瑪斯大學創辦人若恰先生（Gerardo Rocha）的厚愛，代表全世界二十八所聖多瑪斯聯盟，頒發「博愛和平」榮譽博士學位予我，我親自前往智利受獎。

這一趟行程，我也應聖地牙哥首長 Lavin 先生邀請，前往市政府拜訪。會面時，首長致贈市徽給我，並且向我提出幾個有關佛教修行的問題。其中他問：「出家人一天進行幾次禱告？」我告訴他：「出家人無時無刻都在禱告，每一天的心念都要在清淨與善念之中。」對於佛教時時存好心的修行，首長向我表示佩服，這麼一來，也就更增加他對佛教的好感了。

此行最後一天，我以「六度的真義」爲五百多名信衆做了一場佛學講座，作爲弘法行程的圓滿結束。講座中，聽衆不但時時抱以熱烈掌聲，甚至不少人流下感動的淚水；我想，這必然是他們長期渴求佛法的反應了。當天與會的貴賓有：臺北駐智利文化經濟代表處孫大成代表、聖多瑪斯大學創辦人 Gerardo Rocha、校董事 Jusus Gines ortega、參議員鞏沙洛、文化中心副館長恩斯特等。當時，我還應智利佛光協會顧問梁政淵的邀請，在位於道場隔鄰的農莊種植日本楓樹，作爲此行圓滿的紀念。

多年來，智利佛光山在妙睦、妙觀法師的帶領下，在首都聖地牙哥郊區的道場發展得有聲有色，每月共修都有近百位智利人參加，佛光會也由原本只有華人的組織，增加了爲數不少的智利人。可以說，智利佛教的「本土化」是已漸至佳境了。尤其歷任的督導、會長，如：吴俊儀、吴炳煌、林愛國、葉慶和等，長期投入護持道場，更是值得讚揚。

目前南美洲除了上述幾個國家設有寺院道場，烏拉圭雖然没有道場據點，但由於一九九五年王振德居士的邀請，覺誠法師多次前往烏拉圭弘法，而促成了隔年烏拉圭佛光協會的成立；首任會長由戴立羣居士擔任。現在，兼任阿根廷佛光山監寺的妙遠法師等人，也都定期會前往烏拉圭輔導會務。

雖然南美洲百分之八十以上是天主教徒，但是近年來因爲佛光人在各地的耕耘，不僅中國大乘佛教的精神漸漸爲當地民衆所認識，「人間佛教」在這片土地上也有了新的曙光。在「人間佛教」法傳南美洲二十年之際，唯願將來佛教「本土化」的理想能更爲落實南美洲！

我在多倫多臨時起意

一九九一年，我到美國及加拿大弘法訪問，其中，光是加拿大的温哥華，在這一年裏，我就去了三次。有人說，温哥華是世界上最美麗的居住環境，我們實地觀察了以後，真是一點也不錯，就如伊莉莎白皇后公園（Queen Elizabeth Park），真是全球最美麗的市立公園之一，園中有著各種的鮮花異卉，美不勝收。温哥華也是世界上華人最多的都市之一，因爲北美洲的華人，多數聚集在温哥華、紐約、洛杉磯、舊金山等四大都市。因此，我們對温哥華留下了極好的印象。

後來，爲了國際佛光會要在世界各大名都成立，我又有機會到温哥華去，在當地召集信徒開會，爲他們解說成立佛光會的意義。其中，有一位趙翠慧居士，她是一九六九年到佛光山參加第一屆大專佛學夏令營的學員，當年還是一位活潑美麗的小姐，二十年後我再度見到她，已是一名成熟能幹的中年婦女。她在加拿大非常有知名度，在僑界也十分活躍，是擁有一千多名華人學生的温哥華「中華學校」校長。由於有這樣的一段因緣，我就鼓勵她擔任温哥華佛光協會的會長，她也欣然同意了。

因緣就是這樣不可思議，一旦播種了，總會開花結果，佛門的有緣人，天涯海角終究不會漏失掉。就這樣，我們在當地成立了温哥華佛光協會。

温哥華講堂

就在一面成立温哥華協會之際，我也同時請美國西來寺的住持慈莊法師，開始在温哥華籌設道場。由於一九八八年的冬季奧林匹克運動會，就在鄰近温哥華的卡加利市舉辦，因此接下來的幾年，土地一直都很昂

貴，所以道場的購地始終是遷延時日。後來，有一位統一關係企業的負責人，他想在温哥華建立大飯店和超級市場，很希望我們能跟他合作，慈莊法師便與他們接洽、周旋，最後在他們公司的樓上，也就是最高的第六層樓，設立了温哥華講堂。

温哥華講堂於一九九四年九月落成開光，有一間能容納三百人的佛堂，還有一間能讓兩三百人吃飯的齋堂，十間教室，以及十幾間客房。而且講堂又位於五樓之上，也很安全，我們就這樣子有了温哥華講堂。

道場落成後，我承諾信徒，只要有四百人能背誦得出《心經》，我就到温哥華宣講這部經典。想不到，還未及一年的時間，永固法師便迫不及待地告訴我，講堂裏會背《心經》的信衆，早已經超過五百名了。隔年，我依約飛往温哥華，以兩天的時間，爲這些求法心切的信衆們講解《般若心經》。

我也聽說，在我們去温哥華設立道場後不久，臺灣陸續有多家寺廟，如靈巖山等，也相繼到温哥華來。我覺得很好，此地華人多，語言也通，相當適合華人在此建寺廟，而且加拿大人又很善良，也不排外，這是皆大歡喜的事情。

多倫多佛光山

多倫多是加拿大最大的城市，温哥華則是加國西部最大的都市，從温哥華到多倫多，如果搭乘波音七四七飛機，也要飛行五個小時纔能到達。雖然加拿大的政經中心是在多倫多，可是我們對於多倫多這個城市，仍然算是人生地不熟的。

一九九一年訪問加拿大的時候，是我第一次看到多倫多，實在是地大物博啊！幾乎每條街都有公園。相形之下，我們臺灣的臺北市，如果要想建一個行政中心，幾乎很難找到一塊適合的土地；然而在多倫多，想要建

二十個、三十個、五十個，都不爲難事啊！

所以，當我一看到這麼大的都市，這麼可愛的城市，就開玩笑地說：「有什麼人願意到多倫多來發心籌建道場的？」當時，隨車有一位依宏法師毫不猶豫地就答應了。她是弘光護理專科畢業的，我想，她既然有這樣的志願，應該要成就她，不過我還是再一次向她確認：「妳是真心的嗎？」她也堅定地回答我，是真心的。

我囑咐依宏：「那就好，妳待會兒下車之後，先去租一個地方住下來，然後再慢慢找地、啓建道場。現在，我們這些人就要回臺灣囉！」

依宏法師微笑說：「好的，我就在前面的路邊下車。師父，祝福妳們平安回臺。」於是我們的車子又往前開了一小段路後，就停靠在路邊，打開了車門，讓依宏一個人下車，我看到她目送著我們揚長而去。

車子再次向前行駛。一路上，我仍舊掛念著依宏，唉！想到就這樣把她一個人丟在多倫多，適當嗎？不過，我心裏又想，她是自願留在多倫多的，自己也有信心，而且她是一個很勇敢、很有承擔力、相當有耐力的人，再加上本身會一點英文，在多倫多生存應該沒有困難的。

等我們終於回到臺灣，再和她聯繫，她報告說，已經看妥了一處的房子，可以做爲臨時的佛堂，而且當地也有一位土地經紀人波羅卡小姐，願意跟隨她到佛光山來出家，那就是後來的滿宜法師。

直到這個時候，我纔總算真正地放心了，心裏覺得很欣慰，想到佛光山如果沒有這許多勇敢的僧青年，如果沒有這許多發菩提心的菩薩，海外哪裏能有那麼多弘法度衆的道場呢？爲了讓多倫多的華人移民能有一個信仰的據點，這時候也只有鼓勵她繼續向前走，常住必然會在經濟上支持，還有全世界的師兄弟，也都會齊心來幫忙。後來，多倫多佛光山就在一九九二年購地，一九九四年動土，一九九七年落成。從此，我們在加拿大多倫多，這個工商業的重鎮，有了弘法的根據地。

其實，在建立道場之前，我們已經先成立了加拿大多倫多佛光協會，由來自香港的關保衛先生擔任會長。他是一位會計師，爲人非常盡責，在加拿大多倫多的當地社會也很有地位。

當時的移民，有臺灣移民與較早來加拿大的香港移民，經常兩相對立，所以我們這個佛光協會裏面，一開始會員也形成兩派，有香港的一派，也有臺灣的一派。不過，由於住持是來自臺灣的法師，而佛光協會的會長則是由香港人擔任，因此雙方最後都能沒有成見，彼此和諧相處，互相尊重。

對海外的道場而言，有一件比較艱難辛苦的事，那就是盡地主之誼，尤其是美國西來寺和加拿大多倫多佛光山。爲什麼呢？因爲西來寺位於洛杉磯，那裏有一個迪士尼樂園，所以每次有客人來，或者是信徒到訪，不能免俗的，都會希望道場有人可以帶他們遊一下迪士尼。可是這一玩，不僅是一個小時、兩個小時而已，往往是早上去，直到晚上纔能回來，這要耗費一天的時日啊！因此，道場必須要有一個專職的人員，幾乎是每天不間斷地帶人前往。

而在多倫多的道場，也是相同的情況。當地有一個尼加拉瓜大瀑布，凡是來此的信衆，因爲人生地不熟，不免會要求道場有人可以率領他們，前往參觀一下名聞遐邇的尼加拉瓜瀑布。長此以往，這兩處道場的住持，不是爲弘法利生而叫苦，反倒是爲要花費這許多的時間，特地陪人參觀、遊玩而傷腦筋。

我忽然想起一九七六年到洛杉磯建寺的時候，遇到同樣也在美國建寺的印海法師，不過他比我們早兩年到達洛杉磯。那時我問他：「你在這邊還好嗎？」他回答說：「很好。」停頓了一會兒，他淡淡地說，兩年當中，已經帶七十多次的旅遊團去遊迪士尼樂園了。算起來，幾乎是每個禮拜都要去一次，說來這也是海外弘法不足爲外人道的辛苦吧。

滿地可華嚴寺

除了多倫多的道場以外，後來我們也到加拿大的第二大城市滿地可建寺。滿地可，又名蒙特婁，有「小巴黎」之稱，是僅次於巴黎的第二大法語城市，位於加拿大最大省份魁北克境內。由於魁省過去曾經是法國的屬地，所以官方語言爲法語，一九九五年纔剛鬧過獨立，但是沒有成功，而且經濟上也還不足以獨立。

我那時到了魁北克，正值大雪飄飄，天寒地凍，攝氏零下二十度、三十度的氣溫，對當地來說根本是不足爲奇的事。滿地可華嚴寺，很有規模，每層占地就有一千五百平方公尺。道場前身曾是一個飯店，所以廚房非常之大，還真是用不了，全都讓給我們。於是在一九九五年，我們就在華嚴寺開始展開弘法度衆的工作。

愛民頓講堂

愛民頓，位於多倫多和溫哥華之間的阿爾伯達省（Alberta），是加拿大第一個設立環保部門的省份，也是加國人民教育水準平均最高的省份，一九八八年冬季奧運會就是在這個省份舉行的。

一九九四年，我到愛民頓主持愛民頓佛光協會成立大會，當時愛民頓的華人有七萬，很需要有人到此地弘法。愛民頓的這些佛光幹部們，其實早就急於成立佛光協會了，由於他們想等到我親臨主持，結果一等就是一年的時間。

他們再三表示，很希望我在愛民頓設立一座道場，以後就可以有法師常駐在該地，帶領共修。由於先前常常只有一位馬麗娟師姑在此幫忙，因此他們一見到我就開始要人。可是實在是沒有人呀！外語人才都來不及培養。話雖如此，一年之後，愛民頓講堂就在信衆有心、因緣也具足的情況下，於一九九五年十一月啓用，正式展開了弘法工作。

其實，全世界的寺院道場都需要法師，雖然我自己辦有佛學院，努力培養僧衆，但是「供給」根本來不及因應信衆所需呀！我知道，唯有佛教本土化，纔能解決「法師荒」的問題。由世界各地將本地優秀學子，送到佛光山的佛學院培訓，然後再回到當地弘法，也就是由本土的出家人來負責本土的道場。希望在未來的二十年到五十年間，能實現這個願望，讓佛光能普照五大洲。

渥太華佛光山

渥太華位於加拿大東部，爲加國首都，是高科技公司及菁英人才的匯聚地。一九九五年，先在此成立了渥太華佛光協會，初期暫時設立在唐人街一間租來的店面裏，做爲共修場地及協會活動聚點。

一九九八年九月，渥太華協會邀我在渥太華國會中心，舉辦了一場近千人的佛學講座，這是我首度在渥太華的公開弘法。講座結束後，當時臺灣駐加拿大代表房金炎先生伉儷，邀請我們及賓客們一同至官邸聚餐。言談間，眼看當地人們對佛法的需求渴切，心知道場的設立因緣已經成熟了。於是一九九九年初，我們在市區找到了一個閒置多時的政府辦公樓，經過改建裝修之後，渥太華佛光山正式於二〇〇〇年啓用。

二〇〇一年九月，發生了震驚世人的紐約「九一一」事件，我特地飛往美加一趟，除了到「九一一」事件地點，爲罹難者祝禱，我也二度來到渥太華國會中心講演，希望佛法能帶給現場兩千多位的中西人士們，心靈上的慰藉，撫平人心的不安與驚恐。

加拿大佛光隊

我熱愛打籃球，想到天主教曾經有一支歸主隊征戰天下，我就想，佛教應該也可以有一個歸佛隊，以球會

友，將佛法帶到世界。後來，温哥華的趙翠慧會長告訴我，有一支加拿大籃球隊，願意代表國際佛光會出征，到臺灣來參加瓊斯杯籃球賽，我一聽，真是歡喜踴躍無已。

一九九四年七月，加拿大佛光隊來臺灣參加第十七屆威廉瓊斯杯國際籃球邀請賽。這支球隊由大學明星聯隊所組成，擁有五名曾獲得世界大學運動會銀牌的隊員。我記得，那一屆的瓊斯杯是在桃園巨蛋體育館開打，佛光隊與地主隊宏國隊比賽的當天，加拿大佛光隊領隊姚璞和副領隊顧璞先生還特別邀約我前往觀賽。

那一天球賽上半場時，加拿大隊曾一度以九分落後，一陣急起直追，在上半場結束時，反而以四十八分領先地主隊四分。我在中場休息之時，爲加國隊員們打氣，告訴他們防守比進攻重要，只要人人都能不計勝負，全力以赴，就能打好這場球賽。下半場，加拿大隊採壓迫式的防守及平均火力的進攻方式，造成亟欲反攻的宏國隊，接連失誤，終場以九十比六十九的懸殊比數，大勝地主隊。

經過連日多場的賽程之後，飄洋過海而來的加拿大男子籃球隊，在這一屆瓊斯杯取得了第四名的戰績。

開刀後的自我挑戰——洛磯山脈

一九九五年四月，我在臺北榮總動了心臟手術，手術以來的這四個月，復原情況非常良好。八月，我便飛往加拿大，因爲我早在一年前，就接受香港東蓮覺苑董事何鴻毅先生的邀約，要到温哥華主持東蓮覺苑落成剪綵及佛像開光典禮。

我到了温哥華之後，承蒙信衆好意，力邀我一遊景色壯麗的洛磯山脈（The Rocky Mountains）。據聞此山險峻、酷寒，我心想，倒是可以藉此測試一下心臟的復原程度如何，因此欣然率領著爲我主刀的張燕醫師闔家，那時他正好在加拿大渡假，以及「華視」總經理張家驥的夫人張梅子女士、巨龍文化公司負責人鄭羽書小姐，連同慈莊法師等十多人，前往一覩亞熱帶罕見的冰河景觀及像藍寶石一般蔚藍、由冰山融雪所形成的高山湖泊。

洛磯山脈是世界四大山脈之一，它跨越了加拿大及美國，不僅貫穿整個北美洲，還一路向南延伸到中美洲的墨西哥，而海拔更是從兩千公尺一路攀升到四千餘公尺。最讓人難忘的，是我們乘坐著有十二個大車輪的冰原雪車（車輪有一個人那麼高），一度還車行在四十八度的斜坡上，一下車，立即置身在攝氏零下二十度的三百公尺厚冰層上，我親身感受到大自然的神奇造化，真是嘆爲稀有難得。

我在遊覽洛磯山期間，遇到不少來自香港、臺灣的遊客，要求與我照相，想到在這樣的高山峻嶺，還能碰到這些遠道而來的有緣人，怎能不滿人所願呢？

大學講演

除了在道場與信徒開示外，我也曾經在加拿大的幾所大學做過講演。例如：一九九四年，我先到多倫多的仙力加學院大禮堂（Seneca College Minkler Auditorium）主持一場一千二百人的佛學講座；緊接著又在温哥華卑詩大學（UBC）和平紀念館，發表國際佛光會主題演說。二〇〇一年，我到滿地可麥吉爾大學，主講「自在人生」，並舉行甘露灌頂皈依典禮。也曾經在多倫多大學，與天主教瑞恩神父及基督教的第芳婷教授，就「宗教如何面對全球化」的問題，進行對談。

回想我們在加拿大，開拓了温哥華、多倫多，開拓了魁北克等弘法道場，而道場的信衆，則從早期的香港移民，再到目前的大陸移民，不論如何，道場一直都是這些海外移民們，相當重要的精神支持力量，而「人間佛教」就從教育、文化、慈善、共修等各個層面，融入了他們的生活裏，深入到每個家庭，拓展到社會的每個

階層，進而影響全世界。特別是，國際佛光會世界會員代表大會，兩度在加拿大舉行，足見加拿大這個國家，對宗教、文化、種族等等多元文化，有著強大的包容力。

欣見「人間佛教」必然能在這個國度裏發揚光大。

欣見「人間佛教」必然能在這個國度裏發揚光大。

對宗教、文化、種族等多元文化，有著強大的包容力。

階層，進而影響全世界。特別是，國際佛光會世界會員代表大會，兩度在加拿大舉行，足見加拿大這個國家，

我想建立歐洲佛教中心

我與歐洲的結緣，最初是在一九八二年三月，爲了開發這一塊佛法貧瘠的區域，我率領「歐洲考察團」首訪歐洲。而一直到了一九九〇年，我應巴黎净心禪寺住持明禮法師之邀，前往主持道場落成，由於僑民求法若渴，纔在他們的協助之下，於隔年在法國首先成立了巴黎道場。

與美洲相較起來，歐洲的道場並不大，但是設立的過程卻備嚐艱辛，因爲歐洲天主教信仰的歷史甚爲悠久，尤其對佛教較爲陌生，所以當佛光山要在歐洲設立道場時，也就受到各國的嚴格審查。但是二十年來，雖然歷盡千辛萬苦，卻也在當地信衆的齊心努力之下，於法國、英國、德國、瑞士、荷蘭、比利時、奧地利、瑞典、葡萄牙、西班牙等國，成立了十四間道場及十七個佛光協會。

自從我們在歐洲有了弘法據點之後，二十年當中，我幾乎每兩年都會到歐洲弘法一次，看到當初播下的「人間佛教」禾苗，在佛光人悉心澆灌之下，逐漸展現成果，也感到很欣慰，祈願未來「人間佛教」能對歐洲人民作出更大的貢獻，爲普世帶來幸福與安樂。以下我就將自己和歐洲佛教的因緣略爲一說。

法國

在佛光山建設期中，我知道不能少了臺北信徒的支援，所以在經濟萬分拮据之下，還是非常積極地在臺北建立「臺北別院」。一九七八年，坐落於松江路的臺北別院終於落成。

自從有了臺北別院，四方賓客就陸續地和我們來往。其中，由於越戰越演越烈，中南半島一些出家人流落到世界各地，尤以歐洲和美洲居多，當時旅居歐洲的禪定和明禮法師，經常往來臺灣化緣、求助，同時也一再向我們表示好意，歡迎我們到法國一起打拚，弘揚佛法；可以說，他們就像是佛光山在歐洲的先遣部隊，爲我們在當地打前鋒。

那麼，在這樣的因緣下，我就請了臺北別院的住持慈容法師和明禮法師聯繫，表達希望透過他們提出邀請，促成佛光山組團前往法國訪問的意思。就這樣，一九九〇年十一月十日在我的率領之下，與團員慈莊、慈惠、慈容等僧信八十人浩浩蕩蕩地到了巴黎，參加越南净心禪寺的落成典禮。

明禮法師確實真有辦法，還邀約了幾個國家和地區的法師與會，例如：香港佛教聯合會會長覺光法師、印尼大叢山寺住持慧雄法師，以及許多來自日本、斯里蘭卡的法師等。不過，那時他也還沒有能力招待我們，所以我們一行就由旅行社安排住到飯店裏。

訪問期間，一批僑民再三請求佛光山到巴黎創建道場，他們那種懇求的神情，在我回臺後，依然縈繞在我腦海裏，因此，一九九一年我就請了慈莊和依晟兩位法師先行前往籌設購地、建寺相關事宜。

那時候，明禮和禪定法師在當地都還沒有打下弘法基礎，難以助成我們的理想，倒是一位黃玉珊老太太，爲人熱忱、慈祥，和她的女婿鍾勝利先生，極力要幫助我們尋找落脚的地方。

在這期中，起初想要先在巴黎租個一棟房子，但是在巴黎租房子實在比登天還難，慈莊找了好幾天，纔勉强在一間百貨公司旁的小樓上，租到一間大約十多坪的小屋。初期我們到巴黎弘法，經常是一二十個人圍擠在裏面聚餐，尤其蕭碧霞師姑要委身在一個小小的空間裏爲我們張羅三餐，也真是爲難她了。

不過，法國不愧是世界名都，到處都是名勝古跡，凱旋門、香榭麗舍大道向來最爲臺灣遊客欣賞，羅浮宮則是我們多次參觀、探尋敦煌書畫遺跡的據點；在兩岸往來不易的時代，能觀看到中國佛教的文化遺產和佛像文物等等，心情的激動可想而知。

一直到後來，黃玉珊老菩薩爲我們找到了距離巴黎東面八十公里遠的盧努瓦雷諾古堡，纔以一百萬美金承購下來。據説這座古堡建築於十四世紀，房屋都已古舊，不過有護城河，林木蓊鬱，風景幽美，環境寧靜，我去過兩次，都是在嚴冬時去的。實在説，在大雪飄飄、寒風刺骨的氣候裏，屋內没有暖氣，真感覺到這不是在臺灣居住慣的人所能長久居住之處。

有了據點之後，進而我就想在巴黎成立「巴黎佛光協會」。巴黎市區的區域規劃很科學，從一區、二區、三區……一直到二十區，我就依此分別先成立了一區分會、二區分會、三區分會……一下子也就組織了二十個分會。由於最初在巴黎十三區租賃的小屋附近有一個潮州會館，潮州人在這裏居住已經有多年歷史，再加之中南半島難民遷居到巴黎，所以我們得到了各方的支持，很快地，佛光協會就成立了。

只是巴黎地區的這許多華人，平常都互相不來往，潮州的、梅縣的、海南的……各社團分庭抗禮，互相較量，没人肯讓步。當然，我知道這樣的情況，要想從中選出一個共主擔任佛光協會會長是很困難的。因此，就請慈莊法師從美國前來坐鎮巴黎，擔任巴黎協會會長，並請依照法師擔任秘書長。依照法師性格外向、熱情，和巴黎信徒也能契合。

一九九二年，我在法國華僑文教中心主持巴黎佛光協會成立大會，上臺講話時，忽然覺得感慨，就説：「我們在世界上到處遷徙，從這個地區到那個地區，從這個國家到那個國家，好像已經成爲世界難民，但實際上，我們不灰心，我們要做共生的地球人。」

這一席話後來獲得位於十九區的「新中國城大飯店」負責人江基民先生的熱烈響應，覺得在異地飄泊了多年後，終於可以將地球作爲安身立命的根據地。所以，從那一次之後，江基民、陳夢膺、許尊訓、蔡有娣等人就成爲我的「粉絲」，也成了佛光會的忠實幹部。

其後，有其他教派的信徒跟江基民先生説，把門口張貼的星雲大師照片拿下來，就有四十桌飯菜在他經營的飯店辦理。江基民對他説：「即使四百桌，我也不能把星雲大師的照片拿走，那是我的師父，也是我飯店的財神爺，不稀罕你的四十桌客人！」語氣之肯定，證明他決心護持佛教的心意。

那一次大會結束後，會員大衆席開數十桌慶賀，飯食間，一些紳士流著眼淚，引起我的好奇。爲什麼要流淚？他們告訴我：「大師！我們這許多人過去在中南半島的時候都是朋友，如兄如弟，但是到了法國來，卻彼此分裂，連交談都不敢，怕給自己人看到要被責怪；我們互不來往多年，是你來之後，纔又把我們團結在一起，讓我們能再度如兄如弟。」這番話也就讓我感覺到，佛教對於華人社會的團結、友誼的促進是有很大貢獻的。

漸漸地，因爲佛光會的成立，會員、信徒不斷增加，因緣際會，聽説距離巴黎市中心不遠的義大利廣場附近，有一間從前街大門一直通到後街大門，長度至少有半公里之長的房屋，經過勘察之後，覺得合適，就把它接收下來了。

不過，十餘年後，由於政府進行都市計畫，道場面臨土地被政府徵收的困境，加上房屋老舊，難以修補，我們只有另尋他處。覓地期間，真要感謝熱心助人，在僑界有目共覩的臺灣籍新任市議員黎輝先生，當他知道佛光山有意覓地興建寺院時，便向碧西市（Bussy Saint Georges）市長雨歌宏多（Hugues Rondeau）引介。由於他的居中促成，二〇〇四年，市長主動邀請本山前往巴黎興建道場，幾經磋商，最後我們選定了一塊位於巴黎迪士尼樂園附近，大約兩千坪的土地，作爲籌建法華禪寺的基地；「法華禪寺」之名，取意於中「華」和「法」國聯誼的意義。

初期，法國佛光會的數千會員多數來自中南半島佛教國家，對於佛教信仰的虔誠，自不在話下，每次巴黎道場舉行法會，都不必燒煮飯菜，全數由各個僑民經營的飯店自動發起哪一家送飯、哪一家送菜，就是道場穩

定發展後，信衆們也都是主動前往道場負責烹煮飯菜，和大衆結緣，多少年下來都是維持這樣的情況。因此，在那裏服務的法師只要負起接待信徒、講説佛法的責任，生活雜務就都由信徒包辦了。

不過，那時候要從臺灣移居到巴黎，辦理旅行證件很困難，所幸慈莊、依照等法師人緣很好，一些有緣的青年人，如：牙醫師出家的滿容法師、東吴大學畢業的妙希法師、銘傳大學畢業的覺海法師等，都紛紛投身到巴黎道場服務。在那裏，信徒真誠擁護，法師熱情傳播佛法，由此也就展開了巴黎佛教新的一頁。

自從一九九二年國際佛光會世界總會在美國洛杉磯成立以後，「第五次世界會員代表大會」也在依照法師的争取之下，一九九六年於巴黎會議中心召開，參與的代表有五千餘人，盛況熱烈。到了這個時候的巴黎，可以説東南亞各地的佛教比起華人佛教，也就望塵莫及了。

説起那一次大會，最給人懷念的是每個人都獲得一瓶巴黎香水，尤其舞獅表演，更是我前所未見的精彩，十幾頭獅子在來賓面前舞動，一頭一頭地堆叠上去，少説也有五層之上；甚至還將桌子翻轉過來，舞獅的人一面舞動獅頭獅身，一面從這一隻桌脚跳到另一隻桌脚，真是讓觀衆嘆爲觀止，直呼驚險。

大會圓滿後，他們把所剩的香水通通都送給我，我就把它帶回臺灣，哪一個人來參加佛光會的開會，我就送他一瓶；我想，當初也有不少人不是爲開會而來，而是爲香水而來的吧。

到了千禧年，又有大批的温州人移民到法國，他們也都虔信佛教，但多數以講説温州話爲主；於是，項麗華、林翠香等人便主動充任翻譯，引領温州信衆護持道場。可以説，這一批温州來的信徒是佛光山在巴黎弘法新的生力軍，尤其他們爲了請我到巴黎弘法，拚命學習普通話，這份盛情和用心，實在令人感動。

再説法華禪寺確定建寺之後，二〇〇六年我親自前往巴黎主持奠基典禮，不久，又責成滿謙法師擔綱工程籌建。滿謙法師，臺灣桃園人，在澳洲南天寺做過住持，也在佛光山擔任過叢林學院院長，她到了巴黎之後，大展宏才壯志，帶領滿讓法師及工程團隊覺容、妙達法師、鄭麗珠居士等僧信二衆積極争取、共同努力，終於讓法華禪寺在今年（二〇一二年）六月順利完工啓用。

想到二十餘年來，巴黎道場的歷任住持、監寺，從慈莊到依照、妙祥、妙希、滿容、滿讓等，以及歷來的巴黎協會會長、幹部，乃至現任的王裘麗會長，無不全力領導信衆會員護持三寶，弘揚「人間佛教」；尤其許多信徒護持道場建設不遺餘力，如：胡懿君、黄學銘、鄭錫超、鄭高秋、翁惠粧等，其中更有不少從年輕護持到老的信徒，像：黄秋蘭、黄玉葉、陳雪娟、陳淑卿、蔡舜珍、蔡舜賢、蔡秀英、李淑希、周南粉、莊淑鸞、翁普量等等，他們學佛修道的恒常心，實在令人感佩。因此，啓用典禮時，雖然我年齡老邁，不克前往主持，還是用録影帶録影，於啓用當天播放，以表示支持和感謝。

歐洲佛教在我心目之中，當然是以英國、德國、法國三地取其一，做爲佛光山在歐洲發展的中心爲理想。徵求信徒的意見之後，大家一致認爲從地理位置來説，以巴黎爲中心作總部最合適，只是巴黎講法語，相較於英語，佛光山長於講説法語的人才就少了。

説到語言，我想，歐洲的分裂，語言是重要的原因，舉凡英文、法文、義大利文、德文、西班牙文、葡萄牙文……這麼多的語言，也就使得歐洲難以統一。但是很不可思議地，現在「歐盟」還是成立了，遊客只要進入其中一個國家，到其他國家都不必簽證，真是非常便利。

對於法國，在我的記憶裏，有幾件令人好奇的事情：

第一，法國人歡喜户外休閒，尤其走在香榭麗舍大道，走廊上到處都是咖啡座，許多法國人都歡喜坐在那裏聊天。

第二，在巴黎，各國餐館林立，其中又以華人開設的最多，但是讓我印象深刻的是泰國餐。有一次，泰國

華僑陳夢膺要我去他開設的泰國餐館普照，會後，他以泰國菜招待大家，那味道的鮮明、强烈，真是至今沒有再吃過，就連中國菜都要不如它了。當時我還見識到食客大排長龍的盛況，尤其以當地的法國人居多。我想，他能煮出那樣的美味來，是已經超越泰國廚師的手藝了。

第三，由於「新中國城大飯店」負責人江基民待人很四海、很慷慨，信徒會員上千人聚會，到他的餐館吃飯，他從不收費，所以人緣也就越來越廣。後來慈莊法師要把會長的職務交給他時，不但幹部彼此相安無事，大家也都肯定他可以做領導人。

不過，在巴黎弘法，也有讓我感到遺憾的事情，曾經擔任世界佛教僧伽聯合會副會長兼越南世界佛教服務社社長的心珠法師，是越南出家人參與革命的領導者，後來旅居巴黎，我每次到巴黎都是來去匆匆，只和他會過一次面，他雖然來過佛光山，但是由於語言不通，彼此也就難以表達共同的意志了。

總説現在的法華禪寺，除了大雄寶殿以外，觀音殿、地藏殿、禪堂、五觀堂、美術館、文化教室、滴水坊等，也都已經展開弘法功能。而原設於韋提市的道場，也獲得市政府准許重建，將於明年（二〇一三年）初動工，我將它取名爲「巴黎禪淨中心」；據聞現在公車地圖上已將道場所在地標示爲「Temple」，這也説明佛光人的努力是受到當地政府肯定了。

英國

關於英國佛教，最早是以學術研究爲主，一直到了一九〇六年，傑克森在海德公園宣揚教義，佛教纔漸爲一般民衆所知。只是陸續傳入英國的佛教多以南傳、藏傳乃至日本佛教爲主，漢傳佛教除了太虛大師於一九二八年到英國弘揚佛法，就是數十年後佛光山到英國建立道場，設立佛光會協會、分會，所推廣的「人間佛教」了。

説到佛光山在英國的開拓，一九九〇年七月先有依益、永有兩位弟子前往英國留學。她們兩個人後來分別在牛津及倫敦大學得到博士學位，依益的英文講説非常有節奏感，在大學裏主修宗教，而永有研究的是心理諮商，這一門科目在臺灣非常吃香，所以當她學成歸臺後，南華大學就很急於要把她聘請爲教席。

在她們留學期間，我囑托兼辦兩項任務，一是在倫敦設立道場，二是成立佛光會。所以，在課業繁忙之餘，她們就到倫敦市區收集資料。後來靠著兩人的同心協力，找到了一間有一百二十多年歷史的修道院，地點不錯，就在牛津街旁，尤其擁有可供一百多人集會的禮堂、十幾個人住宿的房間，客廳、圖書室也都一應俱全，舉辦小型的活動不成問題；可惜四周都是道路，道路是公家的，所以每次停車都要先投錢，也就覺得不是那麼方便。不過，雖然直到今天，倫敦佛光山連一個停車場都沒有，但是當地社區很友善，知道我們對社會的貢獻，在瞭解我們的困難之後，還主動提供一個停車位給我們。

在英國有了道場之後，接著一九九二年就成立了倫敦佛光協會。會長是非常出色、能幹的倪世健女士，每次我們到倫敦弘法，都是由她開車接送。在她的領導之下，佛光會發展得很快，一下子就有了好幾百個會員，尤其會員之間經常齊聚開會，所談皆是如何發展佛教文教事業的理想，可謂是一羣具有使命感的護法信徒。

現在倪世健女士已升任協會督導，同時擔任國際佛光會檀講師，經常到歐洲各道場演講，每個月至少九次到監獄佈教，尤其筆耕不輟，身兼人間通訊社記者，協助道場及佛光會活動撰稿，也曾代表英國佛教界到中國參加過兩次「世界佛教論壇」，並且發表論文。可以説，只要道場有需要，倪世健女士都是無怨無悔地付出，奉獻的精神真是堪以一句「了不起」來讚美了。

在她擔任首任會長期間，副會長是在倫敦大學修學音樂，美麗大方的新加坡僑民陳慧珊博士。她曾建議

我，要在倫敦發揮力量，就需和當地宗教的領導人來往。當然我們也希望能夠廣結善緣，所以在她的促成下，我和倫敦各宗教代表，在電視上進行了一場「與全英各宗教代表之和平對話」。由於陳慧珊小姐的表現優秀，後來倪世健到臺灣佛光會「中華總會」服務的那一段時期，會長一職就委由她擔任了。

音樂素養深厚的陳慧珊，博士論文寫的是《佛光山梵唄源流與大陸佛教梵唄之關係》，還多次參與我們所舉辦的大型音樂活動。例如：一九九九年，「佛光山梵唄讚頌團」在歐洲巡迴演出，於倫敦皇家劇院的演出造成轟動，她也是幕後的功臣之一；二〇〇三年起，佛光山文教基金會主辦「人間音緣徵曲比賽」，在世界各地廣爲徵曲，她不但積極邀請當地的作曲家參與，並發心負起參賽歌曲的評鑒工作。甚至二〇〇九年，首屆「歐洲人間音緣歌曲創作比賽」在倫敦斯坦納劇院（Rudolf Steiner House）舉行總決賽，她也都熱心參與籌備工作。

一般來說，和英國人打交道並不容易成爲朋友，不過一旦成爲朋友，就很長久。多年來，倫敦佛光山在滿讓、覺彥、覺如等法師的帶領之下，也讓社區乃至市政府對我們釋出了善意。例如：一九九六年，西敏市市長大衛（Robert David）將浴佛節訂爲唐人街的公定假日，之後每年倫敦佛光山都應邀在倫敦市中心舉辦全英國最大的佛誕節慶祝活動；二〇〇五年起，每年更受邀出席倫敦西敏市的「年度跨宗教感恩晚禱會」。甚至二〇〇八年，覺彥法師還成爲英國皇家軍事弘法佛教領袖執行委員；二〇〇九年，倫敦佛光山成爲西敏市跨宗教委員之一；二〇一一年，西敏市署理市長馬歇爾（Dr. Harvey Marshall）特地來到臺灣，出席在「佛陀紀念館」舉行的「愛與和平宗教祈福大會」等等。

尤其今年（二〇一二年）在倫敦盛大舉行的「奧林匹克運動會」，覺如和覺芸兩位法師從二十五萬位義工申請人當中脫穎而出，成爲五十六位宗教輔導師中，僅有的兩位漢傳佛教代表，得以在選手村裏爲選手們服務，更是難能可貴。

今年適逢英國女王伊麗莎白二世登基六十週年，當倫敦佛光山住持覺如法師向我提起此事時，爲了感謝女王在英國推行多元文化、融和各民族，使得佛光可以普照當地信衆，我特地請她代表我前往白金漢宮贈送一筆字書法「仁政仁心」；當時由總書記山達馬斯先生（Christopher Sandamas）代表女王接受。

當然，在英國，除了倫敦佛光山之外，一九九三年在信徒陳慧蓮等人的邀請之下，我們也於英國第二大城，距離倫敦約三百公里外的曼徹斯特市成立了「曼城佛光山」道場。曼徹斯特佛光山所在的建築已有一百多年歷史，原本是爲了紀念英國維多利亞女皇而建的一所公立民衆圖書館，後來改辦專校，當初賣方出售的唯一條件是必須辦教育，這正好符合我們以文化、教育弘揚佛法的理念，他也就歡喜地將建築出讓給我們了。此後，在妙恒、妙訓法師等人的帶領下，道場文教活動興盛，果然是不負衆望。

說起英國的特色，它在歐洲是一個非常特殊的國家，向來的表現都不是很合羣，例如一九九九年「歐元區」成型後，其他「歐盟」成員國都紛紛加入，而英國就是不願參加。不過，英國在十九世紀時殖民地徧佈全球的雄風雖已不再，但是到處都是名勝古跡，紳士淑女親切有禮，文化水平很高，也真不愧昔日「日不落國」的美譽了。

比利時

位於西歐的比利時，是一個多語系國家，主要語言爲法語及荷蘭語，而英語在當地也能通行。擁有世界密度最高的鐵路交通，乘坐火車就能到達各處小鎮的比利時，在工業及科技方面也占有全球一席之地。

說起我與比利時佛教的因緣，最早是一九九〇年到歐洲各地考察途經比利時。記得那一天的行程，早上在荷蘭，中午前往比利時，晚上到達法國，真可謂走馬看花，不過我還是有緣一覩首都布魯塞爾地標「尿尿小

童」（Manneken Pis）的真面目。那是觀光客不願錯過的景點，第二次世界大戰期間，恐怖分子準備炸毀市議會，恰巧引信被這位五歲小孩撒尿而熄火，無心之舉拯救了數以萬計的民衆，後人爲了紀念他的恩德，便樹立了這座銅像。

之後就是一九九四年，我在荷蘭瑪肯帝音樂廳，主持佛光會荷蘭協會和比利時協會成立大會，而與比利時信衆結下緣分。相繼地，一九九七年我又應信衆之邀，在比利時第二大城安特衛普主持安特衛普協會成立大會。不久，佛光山派駐當地的依照法師，在胡振興、陳瑞英伉儷以及協會會長陳瑞鳳居士等人的協助之下，終於讓比利時佛光人在唐人街擁有了一棟四層樓的慧命之家，並於隔年舉行落成啓用典禮。一九九九年我率領梵唄讚頌團前往歐洲巡迴演出時，也把比利時列爲其中一站。

比利時佛光山位於安特衛普市中心，距離火車站只需五分鐘脚程，交通非常便利。據悉，當年僑界獲知法院要拍賣這棟房子，都爭相參與競標，最終是陳瑞英女士一句「寺院從事公益慈善，以普利大衆爲業」，感動所有競標者，紛紛退出競標，轉而支持我們標得房屋，設立道場。

據統計，安特衛普市有三萬多名猶太人，是世界上猶太人口最多的都市之一，加上大量移民潮的進入，使得當地文化多元豐富。因此，每年比利時佛光山與安特衛普市政府合辦「浴佛祈福法會暨園遊會」，都有近千人參加，甚至不同民族的當地人士也都穿著傳統服裝，組團前來參加遊行。另外，自二〇〇六年起，安特衛普市政府舉辦的「各宗教巡迴參訪團Cordoba」，比利時佛光山也被指定爲宗教參訪場所。

目前道場由徒衆妙諦領導，除了例行的法會，也辦有中文班、佛學班、繪畫班、烹飪班等社教課程，可以說，道場的規模雖小，但是也爲「人間佛教」在比利時的弘揚播下了一點因緣。

荷蘭

過去乘坐飛機到歐洲訪問，因爲「華航」與荷蘭航空有往來關係，所以第一站都是先到荷蘭，而抵達荷蘭的時間大部分都是在清晨，所以下了飛機之後，我們就到羅輔聞居士在中國城開設的飯店用早餐。不過當時彼此都還互不認識，只覺得與這家飯店很有緣分，因爲裏頭竟然供有韋馱菩薩，好像是一間寺廟。

多年後，我到巴黎弘法，纔聽巴黎協會的江基民會長說起，多少年來，羅輔聞先生已經找過我們多次，希望佛光山能到荷蘭建寺院，並且已透過朋友阿姆斯特丹華商會會長文俱武先生，向荷蘭政府申請了一塊土地。但是我心裏想，歐洲那麼遥遠，尤其當時佛光山也還没有國際化的力量，到荷蘭建寺院實在不敢想，所以之後有一段時間，我都没有再關心這件事情。

後來聽說大陸、臺灣其他的教派，例如真佛宗等等，都曾向羅居士爭取這一塊土地，但是他都給予拒絶，並表明這一塊地只有給正派的佛光山纔可以。當我聽到這句話的時候，心裏覺得很感動，因此當我再到歐洲弘法時，就特别注意他的意見。

在依照法師和江基民會長的陪同下，我們一樣是在羅輔聞居士的餐館用餐，這也是我們首度的見面。這一次，羅居士親自接待我們，同時帶領我們巡視建寺預定地，一談投機，我就決心在荷蘭建寺了。

最後讓我決定在荷蘭建寺院的主要原因，是羅輔聞告訴我荷蘭没有佛教、没有出家人，有一位旅居荷蘭的老太太死前跟兒子說，没有佛教人士替她誦經，死在荷蘭實在不甘心。這個兒子聽了以後，引以爲憾，但聽說羅輔聞有一卷《普門品》，就特地找他去誦念。雖然他一再說自己不是出家人，不會念經，但是經不起老太太的兒女誠意糾纏，還是勉强答應，跑了去爲老人家誦一部經。

羅輔聞說，當時他拿起經本，就像宣讀聖旨一樣地念誦。就因爲這一段話讓我深受感動，感受到一個中國

人居住在海外，沒有佛教信仰的痛苦，而決心要爲他們建一座中國寺廟。

談話中，他還告訴我一段奇妙的人生際遇。一九四五年，就在抗戰即將勝利時，羅輔聞十八歲，是國民黨軍隊的情報員。有一天，奉命從重慶飛行到浙江轟炸錢塘江的大橋。三更半夜，他和同事黃沛堂少尉駕機出任務，原本已從偵察機頂頭射出兩枚炸彈，但因覺得不夠理想，又再回航。可是卻在這時被對方給發現，以高射炮猛烈射擊，忽地，兩人的駕駛座被擊中著火，在倉皇之中，只得跳傘逃生。

途中，黃少尉被追趕的日本兵一槍打死，他則逃進了一座荒廢的寺廟——紹興「東嶽寺」，並躲進一尊韋馱菩薩像石雕後方。

這時日本兵依然窮追不捨，大隊人馬追到了寺內，揮舞著刺刀搜查，甚至以狼犬聞嗅找尋，當時他心裏已經不存生還的希望，可是沒想到，因爲官兵徧尋不著他的下落，轉頭就走了。在耳朵貼地傾聽，確認日本兵走遠之後，他摸黑走到了大雄寶殿，在佛陀座下找到一個棲身之處，纔安心地睡去。

隔天清晨一覺醒來，聽到牆外有中國人講話的聲音，知道那是中國軍隊來了，纔敢肯定自己得救。可是他心裏卻很納悶，昨天晚上日本官兵亂刀揮舞，爲何自己能不被刺刀刺中？於是就再回到韋馱菩薩像旁一探究竟。這一看，發現菩薩像嵌在石壁上，這樣的雕刻手法，恐怕連螞蟻都爬不進去，爲何他能進去？直到現在他還是想不透。

國共內戰之際，他來到了臺灣。世事難料，正當越南處於南、北分裂局面時，他又被奉派到越南任職。臨行前，一位在臺北辦理《朝明晚報》的王海濤先生送給他一本《普門品》，並且告訴他，遇到危難時，可以誦念這部經。他照著這番話做，果然在越南的十一年中，雖也出生入死，最後都能平安度過。

回臺後，他又外調到荷蘭工作，退役後便定居荷蘭。想到當初韋馱菩薩曾救過他一命，再想到小時候母親帶他看戲，戲中有一句臺詞說：「重修寺廟，再塑金身。」於是就請了一尊韋馱像供在自己經營的飯店裏。後來因爲生病，無力經營，決定將飯店出售時，他唯一的條件就只是對方要能繼續供奉韋馱菩薩。

在荷蘭的期間，他先後中風，半身不遂，甚至罹患嚴重肺結核、高血壓，但都很快地就痊癒。不過有一次因病開刀，血壓陡降到五十左右，始終無法回升，就在彌留狀態時，他聽到太太劉美珍哭求醫生挽救，醫生說：「我們已經盡全力，除非奇跡出現！」聽到「奇跡」兩個字，他的太太靈機一動，想到過去韋馱菩薩曾經救過他，趕緊叫兒子再到飯店把韋馱菩薩請回來拜。不可思議地，驟降的血壓竟然慢慢回升，人也漸漸醒過來，於是他再一次從死亡邊緣撿回了一條命。

聽了羅居士的故事之後，再看看飯店裏供奉的韋馱菩薩，忽然想起自己過去到荷蘭時，曾經在這家飯店用過早餐。沒想到今日竟然重返舊地，讓人不禁覺得因緣際會不可思議。

經過這次見面，兩年後，也就是一九九六年的八月十七日，我親赴荷蘭首都阿姆斯特丹主持動土典禮。當天阿姆斯特丹副市長方德阿先生（Van De Aar）並代表荷蘭政府表示歡迎佛光山之意。

此後，四年的籌建期，在文俱武、陳木南、羅輔聞、林清池、畢傳有、馮瑞昌、羅伯芳斯（Rob Fens）等百千信徒的大力護持之下，二〇〇〇年九月十五日荷華寺終於落成，首任住持由依照法師擔任。

落成啓用典禮由時任佛光山住持的心定和尚主持，當天，荷蘭女王碧雅翠絲（Her Majesty Beatrix）在國際佛光會荷蘭協會文俱武會長聯合僑界邀請之下，也親臨現場剪綵。由於寺院所在的善德街，地處紅燈區，並且是販毒及吸毒的溫牀，女王致詞時感慨表示，自己已經四十多年沒有到過善德街，現在有了佛寺纔敢再來。

「荷華寺」的命名，取意於希望佛法能在「荷」蘭開「華」結果，同時爲了藉此促進亞歐文化交流，在荷蘭政府登記時，又命名爲「荷蘭國際佛教促進會」。寺中的設施功能多元，除了具備傳統寺院提供信徒禮佛共修

的功能之外，更設置了教室、會議室、閱覽室、活動中心等，以利文教推廣的需要，讓寺院成爲信徒一生修身養性、淨化心靈的的信仰所在。

寺院落成之後，二〇〇四年十一月初，我終於有因緣一覩荷華寺的建設，在來去匆匆的行程中，我還主持了一場佛學講座，講題爲「自覺與行佛」。

自從荷華寺展開弘法後，便受到荷蘭政府的肯定，二〇〇五年荷蘭佛教廣播協會還特地到荷華寺拍攝我們在歐洲的弘法概況，並且出版《淨土——阿姆斯特丹》紀録片，作爲阿姆斯特丹中國文化節的一項成果展示；二〇〇七年，即將於翌年舉行的北京奧運聖火經過荷蘭時，也來到了荷華寺。

荷華寺建寺期間，時任臺北市長的馬英九先生訪問阿姆斯特丹，也曾到訪我們的寺院，對於幾位比丘尼，如：依照、覺能等，在那裏奮鬥打拚的情形留下深刻印象，日後幾次在佛光山舉行的會議活動上，他都不忘提起當年的感動。

荷華寺是佛光山在歐洲第一座具有中國寺院型態的道場，雖然靠近紅燈區，卻猶如出汙泥而不染的淨蓮，提供了市民精神充實的資糧。可以説，當年荷華寺的啓建，讓佛光山的歐洲弘法之路邁向了新階段。

德國

德國人性好沈思，是西方國家中最早崇尚佛教的國家，尤其研究佛學的風氣興盛，早年佛光山成立英文佛學班，曾經邀請印度國際大學（University of Visva-Bharati）穆克基教授（Biswadeb Mukherjee）上山授課一年，他也就是在德國漢堡大學取得佛學博士學位的學者。

不過，在德國由於亞裔的佛教徒大部分都是來自越南、高棉、寮國，因此佛教信仰仍以南傳佛教爲主。其後，藏傳佛教纔隨之在當地展開。但是北傳的大乘佛教則是一直到了一九九二年，佛光山在德國成立道場及佛光會，纔首度傳入德國。

説到柏林佛光山的啓建，一九九二年先有弟子滿徹隻身前往柏林弘法。當初在德國，一個信徒也沒有，一來要瞭解德國的風情，二來要尋找道場的位址，所以她每天都抱著一尊佛像在街頭流浪，靠著堅定的信仰支持，皇天不負苦心人，纔終於租用到一間小公寓成立道場。

經過三次的搬遷之後，道場於一九九八年遷到現址，在信衆的邀請下，隔年我也親自前往主持開光啓用典禮，同時宣佈柏林佛光山爲歐洲總部的所在地。

柏林佛光山的成立也是衆緣所成，而其中主要的推手當屬國際佛光會柏林協會顧問丁張貴珠女士了。早年她跟隨先生丁文龍到德國創業，在柏林開設餐廳，成爲第一批創業有成的華僑商人。爲了道場的籌設，丁張貴珠不但出錢出力，一家人包括兒子丁政國、媳婦丁李燕燕也都成爲建寺委員。甚至後來丁政國居士在衆人的推選之下，還當上柏林協會會長。

丁政國居士是柏林地區著名的「龍門素食餐廳」老闆，在全球金融風暴時，他的餐廳能安然度過難關，據他表示，是自己把參與道場大型活動所學的組織能力，用在經營餐館上，也就顯得小事一樁了。令人佩服的是，他説開設素食餐館是理想，只爲了希望更多人能吃得健康、長養慈悲心，並不是全以利益爲目的。直到現在，他已升任督導，仍經常在道場裏穿梭，對於大大小小的事情，都別無揀擇地承擔下來，可説是信衆的模範。

德國人歡喜聽聞佛法，記得一九九四年八月，我在柏林國家博物館爲柏林協會主持授證典禮之後，又主持了一場佛學講座，講題爲「佛教的真理是什麼」，四百多位聽衆當中，德籍人士就占了一半。當時，大家要求不要用英文翻譯，我就請了柏林佛光會創會會長車慧文博士爲我翻譯成德文。

車慧文女士在柏林學術界占有一席之地，是柏林「中華婦女會」的會長，在德國多所大學任教，她曾發心將我《心甘情願》等著作翻譯成德文，每有法師舉行佛學講座，她也都歡喜擔任即席德語翻譯。

那麼，自佛光會成立以後，會員大衆便積極投入社會服務工作，漸漸地也受到各界的肯定，一九九六年柏林協會十位代表還應總統賀隆（Roman Herzog）之邀，到總統官邸參加文化活動，成爲華人團體首度獲得的殊榮。

尤其多年來，柏林佛光山一直在當地從事文化交流的工作，現在已經被政府列爲文化參觀處，也是當地中小學及教師經常參訪的寺院，甚至市府還將佛教納入中小學必修課程，經常在柏林佛光山舉辦佛教師資培訓營。

爲了配合歐洲人對藝術文化的喜好，柏林佛光山陸續以各種活動接引當地人士，諸如：舉辦佛教文物展、三十三觀音特展、「雲水三千」弘法攝影展、「人間佛教」系列德文學術會議及佛學禪修營等，並以「佛門開放的一天」敦親睦鄰，爲訪客做殿堂巡禮、禪修入門講解及座談，吸引了上千位德籍人士到訪；從二〇〇四年起，柏林佛光山舉行的短期出家修道會，更創下歐洲佛教史上的新紀録，有來自歐洲十三個國家一百四十四位中、德、法、奥、英籍的戒子同沾法益，課程以中、英語同步進行。

在柏林，還有一件令我難忘的事，是一九九九年我率領佛光山梵唄讚頌團前往歐洲巡迴演出，九月二十一日忽然傳來臺灣發生大地震的消息，獲悉重大災變，我立刻指示於柏林佛光山成立「救災辦事處」，展開動員全球佛光人聯手救助臺灣的工作；當時，分處五大洲的佛光人無不發揮慈悲愛心，投入募款賑災活動，所謂「愛心無國界」的精神，讓人深深感佩。

猶記得隨團演奏的臺北市立「國樂團」團員聽聞臺灣災情慘重，人心惶惶，幾經聯絡得知家人平安，都覺得是發心參與演奏的功德，因此一個個地都參加了之後我在歐洲各國主持的皈依典禮，成爲佛教徒。

去一趟歐洲，路途遥遠，並不容易，自一九九九年與柏林信衆闊別之後，再見面已是五年後的事情，二〇〇四年，我應讀者與信衆的盛情邀約，纔又前往柏林佛光山出席「與大師有約」讀者座談會，和六百多位讀者見面。

雖説「人間佛教」在德國的起步較晚，但是二十年來，在滿徹、妙希、妙祥、永超、妙衍等僧信大衆的播種之下，寺院本土化已經略有所成。例如：國際佛光會柏林協會的會長選舉中，曾選出德籍會長連斯（Linse）及沃夫岡（Wolfgang），也產生了第一位德籍檀講師伯托（Roland Berthold），他在萊比錫國際書展（Leipzig Book Fair）中，多次朗讀我的德文書籍，更協助將我的許多「人間佛教」著作翻譯成德文；甚至佛光會非漢語系的代表海菲爾醫生（Haefele），也多次代表參加宗教對話，並且在校園裏講述基礎佛學。

除了柏林佛光山之外，二〇〇四年我也爲坐落於法蘭克福市中心的法蘭克福佛光山，主持開光典禮及舉辦佛學講座。現在法蘭克福佛光山不僅是「人間佛教」在德國弘揚的據點，也是協助臺灣辦事處服務僑胞之所。尤其全世界規模最大，已舉辦六十四届的「法蘭克福書展」，佛光文化連續十三年受邀參展，當地徒衆每每以我的著作各國譯本於書攤上推廣，據悉也獲得民衆廣大的回響。這當中，文藻語專出身，熟諳德語的妙祥法師可以説頗有功勞，尤其在她的穿針引綫之下，德國當地出版社 Schirner、Goethe 和 Kreuz 還爲我出版了德文《佛光菜根譚》、《人間佛教經證》、《迷悟之間》等書。

其實，在德國，我們應信衆的邀請，也曾於北部的漢堡、西部萊茵河畔的杜賽道夫以及南部的慕尼黑，設有小型的佈教所及佛堂，這也都是爲當地華人及德國社會播下學佛因緣的方便。

德國的柏林圍牆已經倒塌，東西德終於和平統一，希望「人間佛教」在德國的弘揚，也能進一步打破人心的藩籬，促進社會的和諧發展。

瑞士

地處歐洲中央，素有「歐洲十字路口」之稱的瑞士，是一個湖光山色的國家，全國三千公尺以上的高山有將近四十座，大大小小的湖泊更是徧佈全境，尤其以發展精密工業、鐘錶製造業聞名，像衆所周知的勞力士錶就是產自當地。不過瑞士的好錶都是外銷，當地民衆生活很簡樸，戴的都是廉價錶。

目前，瑞士佛光山所在的位置是瑞士重要都市之一的琉森市（Luzern）。在還沒有設立道場之前，一九九二年佛光會瑞士協會首先成立，後來在依照法師與何振威顧問、關湖會長等人的協助下，於哥爾芬根鎮（Gelfingen）租下了一間舊鋸木工廠作爲佛堂，歷經四年向政府申請，一九九六年終於正式取得批准成立道場；同年，我前往瑞士主持佛學講座及皈依典禮時，將道場命名爲「瑞士佛光山」。

何振威居士是華人聯合會會長，他曾對我說，他們全家所以能夠在越戰時移民到瑞士，幸虧是自己有個智障的兒子，纔優先獲得瑞士政府的批准。

瑞士政府對於難民的收容，不同於其他國家都是挑選菁英人才，尤其負擔越少越好，它特別申明只收容家中有殘疾成員的家庭，每個月還可以領到政府的特殊教育補助津貼。所謂「禍兮福所倚，福兮禍所伏」，人世間遭遇的好好壞壞都是沒有絕對的，如同何居士的兒子，不就是他們家中的菩薩嗎？

自從瑞士佛光山成立以後，多年來，覺如、覺心等徒衆積極以素食、禪修及文化展覽度衆。例如：二〇〇六年，於蘇黎世萬麗飯店（Renaissance Zurich Hotel）舉辦爲日內瓦會議中心募款齋宴，吸引了上百位瑞士人首次品嚐佛教素食；同年，於蘇黎世著名的里特堡博物館（Rietberg Museum），舉辦中德文「詩與禪」文化活動等，也讓與會人士頗爲驚奇。

那麼，在瑞士第一間道場成立之後，相隔十年，二〇〇六年佛光山日內瓦會議中心也相繼落成。關於日內瓦會議中心的啓建，源於二〇〇四年瑞士佛光山在日內瓦參加書展，當時覺如法師巧遇國際佛教學府成員福瑞女士（Nicola Furey），向她提起日內瓦政府撥出一塊土地給他們作爲國際佛教用地，但如果年底興建期內無法履行計畫，就必須歸還；由於組織遇到困難，聽說佛光山是個服務社會、弘化全球的寺院，國際佛光會又是NGO非政府組織成員，所以希望我們能協助接管。

最後在寸土寸金的日內瓦，州政府同意簽下五十年使用權合約，租借這個地方給我們興建會議中心，也算是對我們的一種肯定了。

日內瓦是一個國際組織林立的地方，有「和平之都」的美譽，佛光山日內瓦會議中心就位於日內瓦四十五個區域的盛大山功力區（Grand Saconnex），距離聯合國駐歐洲總部、Palexpo 國際展覽館中心只要十五分鐘路程，附近還有日內瓦國際機場，是一個交通很方便的地點。

二〇〇六年六月，佛光山日內瓦會議中心完工，我應邀主持開光落成典禮，當天貴賓雲集，除了日內瓦州長慕提諾（Laurent Moutinot）、日內瓦聖彼得大教堂主事史密德牧師（Pasteur Schmid）等當地政要及宗教團體代表參加，臺灣駐日內瓦代表處處長沈呂巡、高雄縣長楊秋興率領的市政考察團，以及中國駐瑞士大使朱邦造等人也都一同出席。

此行，我還前往日內瓦聯合國國際會議中心作了一場專題演講，講題爲「融和與和平」，現場以英語、德語、廣東話同步翻譯，並以遠距視訊，同時在臺灣、香港、新加坡、菲律賓、巴西、關島與瑞典等定點作轉播。當時，我以佛教的觀點提出包容觀、無我觀、平等觀、慈悲觀等四點看法。另外，我也受邀到世界十大名校之一，有一百五十年歷史的愛因斯坦母校蘇黎世聯邦理工大學講演，主題同爲「融和與和平」，現場年輕學生提問踴躍，展現出歐洲人喜好思考的性格。

二〇〇六年，歐洲總部由柏林遷移到日內瓦會議中心，常住調派滿謙法師前往擔任歐洲地區總住持一職，因爲路程遙遠，不克往還，當年我就在「國際佛光會世界會員代表大會」上爲她佈達。她就任後積極推動各項文教活動，隔年（二〇〇七年）率領覺彥法師等人，在日內瓦會議中心承辦「國際佛光青年幹部會議」，有來自臺灣、美國、法國、德國、荷蘭、澳洲等二十多個地區、國家，兩百位青年參加。

另外，二〇〇八年起，歐洲各道場及協會聯合主辦「日日是好日——茶禪悅樂」心靈饗宴活動，從日內瓦總部出發，在歐洲十一個主要城市舉辦了將近四十個場次，有超過三千人參加，其中當地人就占了一半以上。我想，「茶」與「禪」，是成功搭起文化交流的橋樑了。

有鑒於日內瓦人民都有爲人類的和平、團結而奮鬥的心願，因此，希望佛光山日內瓦會議中心能夠持續響應聯合國促進「世界和平」的宗旨，以「人間佛教」致力於世界的和平！

奧地利

過去由於移民潮，使得世界到處都有中國人，但是移民卻不一定日子都過得很好，有的人不得志，有的人不如意，如何讓佛法充實大家的內心世界，也就更爲重要了。尤其奧地利維也納是一個人傑地靈的地方，也是很多音樂家、藝術家的故鄉，如果再有佛法的陶冶，人的精神內涵必定更爲豐富。

說起維也納佛光山在當地建設的起始，一九九六年，適逢奧地利建國一千年之際，我到維也納弘法，在希爾頓飯店的禮堂裏，爲信衆主持了一場皈依典禮和佛學講座。之後，一位信衆洪梓源居士表達了想要提供場地，作爲大衆共修之處的心意。見他誠意殷殷，我們也就同意了。在簡單的裝修之後，不久，「奧地利維也納佛教所」正式成立。當時，佛堂規模雖小，但簡單莊嚴，每每共修集會，總是擠得水洩不通。

逐漸地，由於信徒人數增加，空間已顯不足，只有先作租賃的打算，再一面找尋建寺土地。一九九八年租屋啓用，經由奧地利政府審核通過，維也納佛光山成爲了當地政府唯一正式核准的正信中國佛教寺院。一年後，我率領佛光山梵唄讚頌團到歐洲巡迴演出，首演在維也納，同時也主持了佛光會奧地利維也納協會成立大會，首任會長由朱俊宇先生擔任。到了這個時候，如人之兩臂、鳥之雙翼，相輔相成的僧信組織都建立了。

在多年的尋覓土地之後，二〇〇四年，維也納佛光山終於舉行動土灑淨典禮。典禮上，我對與會的信徒說：「雖然今天僅是小小的動土典禮，但力量不可小視，因爲，這將是未來奧地利宗教發展史、佛教史上的一大盛事。就像阿姆斯壯登陸月球，雖然只是踏出一小步，卻是人類歷史上的一大步。」帶著這一份創造佛教歷史的使命感，僧信二衆日後無不兢兢業業於建寺工程。

這一趟行程，我也應奧地利「全球能源獎」（Energy Globe Award）主辦單位邀請，頒發「地」獎項，並代表亞洲及文化團體，以「人類與地球同體共生」爲主題，發表有關佛教的地球生命觀與環保觀演說。典禮全程由奧地利國家電視臺 ORF 錄影，向全球作轉播。

建寺的這一段時期，除了滿謙、覺容、如羣等徒衆投入工程籌備，更是少不了信衆的護持。例如：一九九一年就與佛光山結緣的佛光會維也納協會理事邱鈺雯，可以說始終護持道場不遺餘力。十餘年前，遭逢先生飛機失事往生後，她化悲傷爲力量，積極投入佛光會籌備及道場建設事宜，爲了讓更多人學佛，甚至從自己以往雇用的員工開始，一一打電話鼓勵他們到道場參與活動。一路來，儘管事業忙碌，幾乎全年無休，但是對於道場的需要，她卻是有求必到，在她認爲：「只要有心就不難！」對於信仰的堅定令人動容。

終於，在信衆十五年漫長的引頸企盼之下，二〇一〇年十一月維也納佛光山落成開光了。由於我弘法行程匆匆，不克前往，便錄製了簡短談話，給予信衆祝福，並委由心定和尚代表主持。據聞此次落成，受到奧地利

當地媒體矚目，踞龍頭地位的《新聞報》、《標準報》、地鐵報《今日報》等，都大篇幅地報導相關新聞。尤其國家第二電視臺ORF還出動人馬拍攝，於中午精華時段的「世界宗教」節目，播出半小時專題報導。

同時，我的「一筆字」書法展也在妙祥、滿綸法師，及所有佛光人的籌劃安排下，順利於維也納聯合國總部及奧地利國家美術館（Oesterreichische Galerie Belvedere）展覽，創下佛教文化首度在該館展出的紀錄。

由於維也納素有「音樂之都」之稱，所以，坐落於全球知名市區的維也納佛光山，在道場規劃設計時，我特別提出要有「音樂教室」的構想，希望以當地最熟悉的音樂來接引當地人士。現在，徒衆們也都不負當初的理念，陸續舉辦了多場音樂會及鋼琴學習營。期望未來維也納佛光山能再爲奧地利佛教的發展作出進一步的貢獻。

葡萄牙

說起佛光山在葡萄牙的弘法，一九九六年佛光會里斯本協會成立之後，由於信衆求法心切，經由顧問莊傳成伉儷發心捐贈四十平方公尺的住屋，成立「葡萄牙佈教所」，大家纔有了聚會共修的據點。不過最初沒有法師駐錫，歐洲其他道場的法師也只能每月前往主持一次共修會，因此其他的三個星期，莊顧問閤家及閻洪玉雪顧問全家便主動發心領導大家跟隨錄音帶共修，會後並聆聽或觀賞我講話的錄音帶、錄影帶。

莊傳成顧問一家都是虔誠的佛教徒，護持道場甚力，女兒莊寅彩後來也榮膺協會會長。佛光會剛成立的時候，他們爲了凝聚信衆，每個星期都主動以電話聯絡大家到佛堂共修，法會結束，又把所有人接送到自家開設的餐廳，以素齋結緣，最後還不辭路途奔波，一一送每個人回家。許多人被他們的身教言行感動，見識到佛光人的發心，都陸續加入佛光會，也因此開啓了「人間佛教」在葡萄牙的弘法因緣。

幾年後，由於信衆人數增加，共修空間不足，幾經尋覓，終於在首都里斯本，一九九八年世界博覽會館旁的Centieira街，找到了現址，二〇〇四年四月由心定和尚主持落成啓用儀式。

同年十一月，我應信衆邀請，生平第一次踏上葡萄牙的國土，在薩納飯店（Sana Hotel）舉行了一場佛學講座；場地雖然不大，信衆聞法的熱情卻不減，當天湧進了四百多位聽衆，有一半是葡國本土人士。甚至講座前，葡萄牙國家電視臺、廣播電臺、各大報社等十餘家媒體，有感於我弘揚「人間佛教」，讓佛教走向人間化的理念，很能適應現代人心所需，還特別安排了一場記者會。

我在葡萄牙停留的時間只有兩天，但是當地信衆爲了盡地主之誼，還是抓緊時間安排了市區導覽（City Tour），帶領我參觀老城羅西歐廣場（Rossio Square）及貝倫區（Belem）的貝倫塔和航海紀念碑。尤其此行他們還送了我十二隻葡國的吉祥物——公鷄，據說這是源於過去一位朝聖者被誤認是小偷，遭受死刑的判決，當他求見法官時，向法官表示：「如果您晚餐中的烤鷄復活啼叫，就代表我是清白的！」沒想到，這不可思議的事情果然發生，終使得他免於一死；從此，鷄子也就成了葡萄牙的吉祥象徵。

現在葡萄牙佛光山平日除了道場的例行活動，也積極投入慈善關懷和社會服務。過去幾年，在佛光協會金毅督導的帶領下，每當葡萄牙發生重大災難，諸如：二〇〇三年葡萄牙因氣候異常引發的森林大火，乃至二〇一〇年葡萄牙屬地馬德拉島遭受十七年來最大的暴風雨等，葡萄牙佛光人無不發揮「人飢己飢，人溺己溺」的精神，發起救災募款活動。除此之外，每年都由協會舉辦寒冬送暖活動，關懷里斯本各地的孤兒院、孤獨老人以及流浪漢，並且爲聯合國兒童基金會募款，以幫助改善貧困國家兒童的生活。

爲了幫助葡萄牙移民提升語言水平，以便融入當地社會、創造就業機會，甚至申請永久居留或考取葡籍，里斯本協會還特地向歐盟蘇格拉底教育計畫單位及葡萄牙移民署申請語言學習經費補助，駐葡萄牙執行單位PPT也派了兩位葡文師資，以半年時間提供學習課程，目前已有一百多人受惠。

另外，道場每週定期舉辦的葡文讀書會，參加的人數雖然不是最多，卻都是各專業領域有心研究「人間佛教」的人士，其中有佛教聯合會的主席、貨幣廠的總裁、流浪漢之家的主席以及當地大學的教授等等。尤其這個讀書會有一個很大的特色，他們不僅聚會研討佛法，並且一面進行翻譯工作，我幾本葡國語法的葡文譯著，如：*Conceitos Fudamentais do Budismo*（《佛學入門》）、*Budismo Significados Profundos*（《佛教教理》），就是他們從我巴西葡文譯著翻譯過來的。他們每個星期不辭舟車勞頓，甚至風雨無阻地往返參加讀書會，也讓我覺得精神可嘉。

當然「人間佛教」在葡萄牙的發展，還有許多努力的空間，但是在佛光人的集體創作下，葡萄牙佛光山也逐漸受到了社會和其他宗教團體的肯定，例如葡萄牙清真寺建寺二十五週年時，特别邀請覺心法師去參加紀念活動，成爲唯一受邀的佛教團體；這麽説來，「人間佛教」在葡萄牙的弘揚也算是跨出一大步了。

西班牙

回想起一九九四年，由於我在荷蘭歐華年會上開示的因緣，結識了信仰天主教的僑選「立委」王鼎熹、吳金蘭伉儷，從此兩人就與佛光山結下了深厚的法緣，吳金蘭女士更成爲「人間佛教」在西班牙弘法的先鋒。據吳會長的説法，當初是被我的開示所感動，所以向我提出讓佛法流佈西班牙的心願。感動於他們求法的真誠，我隨即交付給她成立佛光會的任務，並請她擔任創會會長。

那時，她對於佛光會這個組織完全不瞭解，面對突如其來的任務，有些惶恐，但是在使命感的驅使之下，還是一頭栽進籌備工作，很快地，馬德里佛光協會便成立了。往後，爲了讓會員們能有一處集會共修的地方，她也主動提供了一間佛堂作爲共修之所。

爲了感念她的發心，一九九六年我在前往法國巴黎主持「國際佛光會第五次世界會員代表大會」時，特地前往西班牙爲馬德里協會的成立授證，會後並爲當地信衆主持了一場佛學講座及皈依三寶典禮。當時前來觀禮的臺北駐西班牙代表章德惠先生特地帶來了兩封賀函，一爲正在美國亞特蘭大城，代表西班牙參加奥運殘障運動會各項儀式的愛蓮娜及克里斯汀娜公主的祝賀，另一爲因事錯過大會的西班牙駐臺北商務辦事處路培基主任的慶賀。

今年，在臺灣舉行的「國際佛光會第十四次世界會員代表大會」，年近八十的吳金蘭女士，仍不辭飛行辛勞，千里迢迢地來到佛光山參加大會。閉幕典禮上，她送了我一個金製的法物；實在説，我並不在意她送了我什麽，但是她對於信仰的堅定及護法的懇切，我則已認爲是超越物質的價值了。

説起一九九六年那一次西班牙弘法行，除了爲馬德里協會授證，巴塞隆納協會也在會長林隆勢的領導下成立。不久，又有蕭木梁伉儷提供個人於Nicaragua街的住宅作爲共修場所，「巴塞隆納佈教所」因而成立。此後，即使法師只能一兩個月到當地弘法一次，他也因爲「受法師之托照顧佛堂」的承諾，引領會員聆聽録音帶共修，甚至當大家都無法來時，就一個人精進修持。尤其在《人間福報》創刊後，爲了讓更多人瞭解「人間佛教」，不懂美工的他，還親自剪貼報紙，印製成《佛光世紀》，發送到各地。

可以説，西班牙雖然地處偏遠，但是由於會員信衆一如吳金蘭、林隆勢督導信心堅固，所以在十多年覓地建寺的等待之後，二〇〇九年十一月十五日，位於馬德里市區的西班牙佛光山在妙訓、如海法師帶領信衆共同努力下，終於落成啓用。

落成典禮由佛光山住持心培和尚主持，有馬德里警察總局長卡馬喬（Camacho）、中國駐西班牙大使朱邦造、塞戈維亞省巴爾未爾德・莫哈諾市長勞倫特（Rafael Casado Llorente），以及來自歐洲各地的六百位信衆共襄盛舉。西班牙當地Diagonal電視臺及《華商報》、「中國報」、《歐華時報》等二十餘家媒體記者也都前來採訪報導。

這幾年在會員信眾的齊心努力之下，現在西班牙佛光山受到了當地社區的肯定，例如馬德里強貝理區（Chamberi）文化服務部主辦的「二〇一二年社區兒童文化日」活動，爲了讓社區青少年認識東方文化，也力邀西班牙佛光山前往參加，由監寺妙多法師帶領了馬德里佛光青年團響應這次活動。

雖然與歐洲許多道場比起來，西班牙佛光山不大，但也爲「人間佛教」在西班牙的發展播下了種子。

義大利

說到義大利，就要說起位於首都羅馬的梵蒂岡，面積雖小，只有四十四公頃，卻是全世界天主教徒的信仰中心；它在一九二九年成爲政教分離，不受義大利管轄的獨立國家，內政全由神父組成的委員會「羅馬教廷」負責，各國家和地區也都派有「教廷大使」。一百三十二公尺高，舉世聞名的聖彼得大教堂，是梵蒂岡的行政中心，廣場可以容納將近二十萬人。

在臺灣，我和天主教的往來頻繁，尤其和單國璽樞機主教有深厚的友誼，每當有天主教的貴賓造訪高雄，他都會安排大家到佛光山參訪。一九九七年二月二十八日，我更在單樞機主教的促成下，搭機前往梵蒂岡與教宗若望保祿二世（Pope John Paul II）進行宗教對話。

那一天，我們在教宗的私人書房見面。年近八十的教宗，和藹慈祥，對於我的談話，總是適時點頭回應，甚至當我就宗教融和的問題，向他提出五項建議時，教宗聽後也表示贊同，並表達會將建議轉由相關單位研究。

當時我提出的建言有：一、請教宗登高一呼，聯合世界各個宗教成立「國際宗教聯誼會」；二、邀請教宗到亞洲牧靈訪問時順道訪問臺灣；三、日後佛光山和教廷加強交流；四、佛光大學與南華大學，願與梵蒂岡或羅馬的圖書館辦理圖書交換，並提供教廷或義大利大學推薦的學者和學生做研究或選課就讀的一切協助；五、二校可承辦天主教委托的各項宗教會議，或「宗教與高等教育」研討會。

這一次會面，我送給教宗一尊觀世音菩薩，推崇教宗對於世界和平的貢獻，教宗則以梵蒂岡的紀念幣相贈，並表示希望有機會到臺灣訪問。

宗教融和一直以來都是我積極推動的工作，我認爲，宗教之間雖然教主、教義不同，但是教徒卻可以相互往來交流；此次和教宗的會面，可以說爲宗教的互訪寫下了歷史性的一頁。

繼這一次梵蒂岡的訪問之後，二〇〇六年六月二十一日，在駐教廷代表杜筑生的陪同下，我再次前往梵蒂岡，於聖伯多祿大教堂與繼任教宗本篤十六世（Pope Benedict XVI）會面，那時我對教宗表示，我是以朝聖的心情來羅馬訪問，希望藉此增進佛教與天主教的相互瞭解與合作，同時也邀請教宗訪問臺灣，之後並以我在臺灣弘法五十年的影像專輯《雲水三千》相贈；教宗也要我代爲轉達對臺灣民眾的問候，並表示會爲臺灣民眾祈禱，更希望未來有機會與臺灣民眾見面。會後我與教廷宗教協談委員會主席普帕爾樞機主教會談，也到羅馬華人聖堂參加臺灣駐教廷代表處舉辦的「心靈座談會」。

除了兩次受邀到梵蒂岡，是我親自前往以外，也有幾次因爲弘法行程已定或身體不適，委由弟子代表出席。例如：二〇〇二年一月，由若望保祿二世發起的「世界和平祈福大會」，在義大利亞西西舉行，三十餘個國家一百三十多位代表當中，依益法師代表我出席，並在「宗教對和平的貢獻」論壇中發表演說。

二〇一一年十月，於義大利聖方濟舉行的「世界和平正義反思 對話與祈禱日活動」，由於我年齡老邁，醫師叮囑不宜長途飛行，所以我委請佛光山歐洲地區總住持滿謙法師及法堂國際組的妙光法師代表出席。當教宗在梵蒂岡與各宗教團體代表見面時，兩人代我向教宗致意，並以同年於佛光山「佛陀紀念館」舉行的「八二三愛與和平宗教祈福大會」DVD和我的著作贈予教宗。

這一次的活動，有來自世界五十多個國家和地區的三百多名代表出席，滿謙法師是當中唯一的女性代表；在教宗甫宣佈女性不得擔任主教的情況下，「男女平等」的理念在佛教裏是更爲被發揚了。

其實，我到義大利，最早是在一九八二年，當時令我印象深刻的是參觀一座地下墓場，據說那是過去埋葬天主教殉道者的地方。墓場占地面積恐怕比佛光山還要大，地下總共有五層樓，每一層樓都停放了衆多的棺木，聽說有人進去之後，由於沒人引導，找不到出口，就此葬身在墓場中。

佛光山在義大利至今雖然仍沒有道場，但有鑒於許多歐洲佛光會員在義大利的親友渴望聽聞佛法，我們也安排了法師及佛光人前往座談或主持講座，希望「人間佛教」也能帶給當地信衆一股心靈安定的力量。

瑞典

在我走訪的世界各個國家之中，瑞典可以說是「社會主義」實踐得最好的國家，每一個國民都不自私，儘管稅金很高，還是歡喜繳稅。在他們認爲，瑞典社會福利健全，自己蒙受國家諸多照顧，不應再和政府計較。尤其瑞典的和平爲舉世所皆知，至今已經有兩百多年沒有捲入戰火之中，首都斯德哥爾摩更是諾貝爾和平獎及紅十字會的發源地，對世界和平以及人道救助都有極大貢獻。

瑞典佛光山就坐落於斯德哥爾摩的北部，是世界五大洲中，地理位置最北的「人間佛教」道場。一九九二年，由於在英國深造的徒衆到瑞典拜訪老師，而種下了法傳瑞典的因緣。直到一九九四年，得力於錫蘭班那拉丹法師（Ven. Pannaratana）的發心，「斯德哥爾摩非漢語系協會」及「奈斯分會」首先成立，「人間佛教」在瑞典的弘揚纔算漸露曙光。雖是南傳佛教比丘，但是他們對於北傳佛教的到來，不僅給予尊重，還協助發展，這份友誼實在令人感佩。

之後，一九九六年，許多瑞典信衆前往法國巴黎參加「國際佛光會第五次世界會員代表大會」，有感於歐洲各地都有佛光道場，唯獨瑞典沒有，便發起集資，承租了一棟房屋作爲共修場所。但是由於地處住宅區，活動空間有限，信衆禮佛相當不便，經過兩年的覓地，纔找到了符合寺院建設基礎的現址，於一九九九年正式成立「瑞典佛光山」。

在瑞典，國際佛光會相繼還成立有「斯德哥爾摩協會」，最早是由劉福松居士擔任會長。由於他爲人熱忱，富有正義感，又樂於奉獻，雖然平日寡言，但是人緣極好，因而當年被公推爲創會會長。

之後續任會長的是裴海蒂女士，現在已經升任督導，以廚藝精湛聞名，無怨無悔奉獻道場近二十年的她，秀麗大方，尤其富有觀世音菩薩「千處祈求千處應」的精神，家務、公暇之餘，便主動到道場服務，舉凡行政、典座、佈置、知賓、表演，樣樣都願意與大衆結緣；偶有公務出國，總也設想道場活動所需，一併帶回。尤爲人稱道的，國際佛光會每一次召開世界會員代表大會或理事會議，她都不曾缺席，從事業上退休後，更是全心全意投入道場工作，以烹飪專長，從瑞典結緣到全歐洲各道場。

裴海蒂的發心也感動了瑞典籍夫壻安德斯先生（Anders），二〇〇三年，當SARS疫情在臺灣大流行時，爲了提供口罩給嚴重缺乏口罩的臺灣，兩人不但徧尋斯德哥爾摩地區，安德斯先生甚至還特地打電話到鄰國詢問，最後終於購得五千個口罩寄回臺灣應急。

多年來，爲了讓當地人士認識「人間佛教」，瑞典的這許多佛光會員，無不積極推廣。特別是在文化交流的工作上，大家付出諸多心血，除了捐贈《禪藏》給隆特大學（Lunds Universitet）、哥本哈根大學（Kobenhavns Universitet）、丹麥大島奧胡斯大學（Aarhus Universitet）及斯德哥爾摩大學（Stockholm Universitet）等大專學校，基於瑞典教育制度的自由、開放，且明文規定凡受教育的兒童、青少年必須對世界各地宗教有確實認知，因此瑞典

佛光山也將陸續譯出的《佛陀的一生——畫傳》、《佛光菜根譚》、《迷悟之間》以及《人間佛教的經證》等書，贈予各級學校、圖書館，並且藉由「哥登堡書展」，將「人間佛教」介紹給當地民衆瞭解。

由於早年派駐瑞典的徒衆拜訪斯德哥爾摩大學所結下的善緣，也促進了日後雙方的交流往來，在覺彥多次的聯絡下，二〇〇五年，諾貝爾文學獎評審委員馬悦然教授（Goran Malmqvist）以及漢學家羅多弼教授（Torbjorn Loden）來到臺灣訪問，和我共同主持了三場「當東方遇上西方」對談會，就「佛教與中國文學」、「佛教與世界和平」及「人間佛教與世界宗教」等主題進行對談。

翌年，我則應他們之邀到斯德哥爾摩大學訪問，以「融和與和平」爲題，發表演講，有專家學者近八百人與會。會後，我致贈《佛光大藏經》、《法藏文庫》等四百餘本佛教書籍給該校，由羅多弼教授代表接受。

我想，諸如此類的文化交流活動，在瑞典佛光人的推廣之下，未來「人間佛教」必能發揚光大，普利更多的瑞典人士。

俄羅斯

俄羅斯土地遼闊，橫跨亞洲和歐洲，是世界上國土面積最大的國家。在佛陀的慈光照耀下，一九九三年七月我率團到達了這個禁閉一百多年的國度，進行了八天的弘法。

在俄羅斯期間，每天無論是參觀、吃飯、講演、開會或坐車，都有六位秘密警察形影不離地保護我們；看到大家爲我忙碌，心中真是過意不去，但是想到一味拒絕，也不盡人情，最後只有隨緣了。

這一趟行程，我是應聖彼得堡大學陶奇夫、索羅寧、斯大里寧、安德列葉夫、魯多義等教授之邀，前往聖彼得堡大學，主持他們共同發起的聖彼得堡佛光協會授證典禮。典禮上，會長陶奇夫教授將他的數十種佛學著作送給我。致詞時，他説：「俄國佛教界一直希望能與世界各國家和地區的佛教團體保持聯繫，可惜苦無管道，直到佛光會的訊息傳到俄國，纔爲俄國的佛教帶來了希望……」一番話道盡了他們對佛法的渴求。想到沙皇時代，從女王凱瑟琳二世宣佈可以弘揚佛教，進而引起學者重視，卻在事隔兩百多年之後，俄羅斯纔真正蒙受佛光普照，內心真有説不出的感慨和感動。

之後，我又應邀前往莫斯科，在戈巴契夫中心大禮堂主持了莫斯科佛光協會成立大會。會中，促成這一趟俄國弘法行的重要推手廖泓毅會長，以及幹部劉廣興、莫斯科大學安德烈教授等人穿上了整齊的會服，鄭重地從我手中接過會旗、證書等信物。由於俄羅斯正爲嚴重的通貨膨脹所籠罩，米達莎館長在典禮上發表的談話，也引起了全場的共鳴，他説：「目前俄羅斯正是人心空虛的時候，佛光正好普照而來，這真是全俄羅斯人的福氣！」慷慨激昂的致詞，讓我深信俄國佛光會的成立，將會爲當地佛教的發展帶來希望。

在安德烈等三位教授一路的帶領之下，我們在俄羅斯第二大城聖彼得堡的行程，還造訪了全世界最古老、最大博物館之一的「冬宮」（Hermitage Museum），據説裏面光是房間就有一千多間，若將全部房間連接起來，少説也有三十公里之長。尤其館藏之豐富，每天就是花上十小時觀賞，也要十一年纔能全部看完。

在莫斯科，我們則參觀了當地最具代表性，也是前蘇聯政治權力運作的中心——紅場，也到了曾是沙皇住所的克里姆林宮參觀，當我見到由黃金打造的沙皇寶冠時，不禁想著：人的負擔已經夠重了，爲什麼還要增加累贅呢？

其實，地域廣闊的俄羅斯，除了有華麗的建築遺跡，文學在民衆生活中也占有顯著的地位，因此孕育了許多聞名世界的作家，如：屠格涅夫、托爾斯泰、高爾基等等。其中，當代文學作家，諾貝爾文學獎得主索忍尼辛，於一九八二年到臺灣訪問時，還曾到過佛光山。當他參觀大雄寶殿時，自然地合掌禮敬，流露出對宗教與

文化的虔敬，對於佛教學院及各項建築藝術也都讚嘆有加，臨走前還留下了親筆簽名作爲紀念。

由於當年在俄國成立佛光會的因緣，聖彼得堡佛光協會發起人之一的索羅寧教授，現在也來到了我創辦的佛光大學佛教學系擔任教授，對於西夏學、華嚴思想甚有研究的他，一口流利的中文，頗受學生的尊敬和愛戴。

我想，在以東正教爲國教的俄羅斯，信仰佛教的人口比例相當少，當中能有幾位教授和「人間佛教」結下緣分，也是稀有難得的因緣了。

其他

除了上述歐洲各國設有佛光山道場，另有幾個國家，雖然只成立了佛光會，但是信衆的發心，也值得肯定。例如在氣候嚴寒的北歐，挪威及丹麥也分別成立有奧斯陸協會及哥本哈根協會。目前，覺彥法師等人在瑞典繁忙的法務之餘，都會定期前往兩地輔導會務。一如歐洲各地的佛光人，兩個協會也積極推展「人間佛教」，甚至還與瑞士佛光山共同合作，將我的「一筆字」帶進了丹麥國家博物館展出。

另外，位於東歐捷克的布拉格協會，雖然成立得晚，但是由於會長、幹部的用心領導，以及妙益法師等人的關心輔導，會務蒸蒸日上，尤其會員對於本山及歐洲各道場舉辦的活動，無不積極組團參與，充分展現了佛光人學佛的熱忱。

在遙遠的歐洲，駐錫當地的徒衆往往一人身兼數職，但都很賣力地領導信衆共同弘揚佛法。過去，電視節目《八千里路雲和月》名主持人凌峯先生到歐洲訪問，親睹他們的付出時，還曾經公開讚揚：「爲歐洲華人寫下輝煌歷史的，是佛光山的比丘尼！」

總說歐洲的佛光人，發心者真是不計其數，除了上述，又如：英國倫敦的黃堅、黃華娟、黃鳳琴，曼徹斯特的葉少芬、俞才安；比利時的歐陽滋遠、鄧葵喜；荷蘭的温戊生、邱玲珍；德國柏林的黃家羚、Sabine Erherdt、法蘭克福的高晴宏、殷泰蘭；奧地利維也納的湯素貞、賈瑩、Thomas Fiedle；瑞士的陳玉明博士、柯國強、李希珍；日內瓦的褚峻、Heinz；西班牙巴塞隆納的朱鎮平、邱鳳嬌、馬德里的龔安泉、蘇秀琴；瑞典斯德哥爾摩的呂慧芬、夏碧嬋；哥本哈根的鄭高颯、林梅鳳、李潔、王景瑤；挪威奧斯陸的袁銀女、孔培德、馬俊發；布拉格的何蓮萍等佛光會督導、會長，以及更多默默發心的護法信徒等，他們對佛教的奉獻都是功不可沒。但是礙於篇幅，實在不及一一敘述，於此便不再提。不過，我想佛光山的功德碑牆，必然是已經把這許多信徒的功德芳名都給刻上了。

「歐盟」的成立，是人類同體共生的良好示範，跨國界的整合，讓各國處於相互依存的狀態，同樣地，遠在歐洲的佛光山道場，雖然人力資源有限，但是相信在歐洲各佛光協會、道場之間的互相支援，以及全球五大洲佛光人的共同護持之下，團結就有力量，發心就有未來！

我在澳新開創佛教道場

澳洲，又稱澳大利亞，是南半球最大的島嶼國家，也是全球陸地面積最小、歷史最悠久的一洲，與紐西蘭、巴布亞新几內亞等國家，合稱爲「大洋洲」。

一九〇一至一九七五年間，澳洲在英國的統治下，施行「白澳政策」。因此在那個時期，東方人要移民澳洲，簡直是難上加難。直到一九七〇年代後期，政府廢除「白澳政策」，開放移民，臺灣、香港和馬來西亞、新加坡、印尼、越南等地民衆，紛紛舉家移民澳洲，各種宗教信仰也隨之帶入，從此爲整個國家帶來莫大的變化，進而塑造了澳洲多元文化的形象。

基於「白澳政策」給我不好的印象，再加上我對這個國家瞭解不深，早期有信徒多次邀請我前往澳洲興建道場，我都沒有答應，總認爲這個地方不是華人可以安身立命的地方。

但是數年後，因緣際會，當我踏上了這塊土地時，發現澳洲人其實很友善，個性和平，尤其是當時正值經濟衰退時期，但是他們仍舊安貧樂道，自在歡喜地過生活，再加上他們已不排斥華人，甚至歡迎各個宗教的加入，也就使我對澳洲的印象完全改觀。

特別是，有人説澳洲是「人間最後一塊浄土」，確實不錯，它是一個非常重視環保的國家，行走在街道上，一眼望去，無論是大廈或民宅的窗户、陽臺，都置有盆栽，政府也會把最好的地段保留做公園。可以説，澳洲人民的富貴，就在於到處都能享受到大自然的風光，民衆的生活水準相當高。

尤其動物與人友善來往，佇立海邊，常見大魚遊到水邊，仰起頭來跟人玩耍；飛鳥飛到人的肩上，向他分一點米穀的畫面。這也就更讓我感覺到澳洲是一個適合人居的環境。

基於這些好印象，我決定到澳洲開拓佛教。在澳洲發展佛教期間，尤其承蒙當地政府的大力支持，以及人民對佛教的高度接納，而使得「人間佛教」在當地的發展加速生根。如今想起佛光山在澳洲順利發展的種種好因好緣，心中不勝感激！以下略述佛光山在澳洲各地的發展因緣。

南天寺

我在澳洲弘法的因緣始於一九八九年，旅居澳洲卧龍崗市（Wollongong）的華僑寸時嬌女士到臺灣訪問，邀請佛光山前往澳洲興建道場。相隔一年，「中國鋼鐵公司」在佛光山召開國際鋼鐵學術會議，澳洲卧龍崗國營的BHP。

鋼鐵公司董事長及市長亞開爾（Frank Arkell）先生前來與會；他們參觀了佛光山的各項弘法事業後，非常歡喜，也向本山提出希望派人到澳洲建寺，發展佛教。

既然有這麼一個因緣，我便派時任都監院院長的慈容，帶領永妙前往距離雪梨市一小時車程的卧龍崗市勘察，雖然一度掛念她們的安全，但據她們回來報告澳洲當地的狀況，那裏社會安定，民風樸實，生態環保做得非常成功，和我所知道的澳洲完全不同。

不久，經卧龍崗全市議員決議通過，表達全力支持佛光山在澳洲建寺之意，市長亞開爾先生還捐贈了二十六畝土地；再加上游象卿、邱美惠、廖德培、寸時嬌等旅居澳洲雪梨的信徒們，一心想要成就佛光山在當地建寺發展，我想，自己一生的願望，就是「佛光普照三千界，法水長流五大洲」，既然有這個因緣，就不應該退縮。於是隔年（一九九〇年）便親自率領慈莊、慈容、永全、滿可等徒衆到澳洲勘察。

同年，慈莊與卧龍崗市政府正式簽約，由於澳洲位於南半球，且素有「天堂」之稱，於是我便將寺院定名

為「南天寺」，意為南半球的天堂。

一九九二年，我和卧龍崗市長坎貝爾（David Campbell），臺灣駐澳洲代表李宗儒博士，新南威爾士上議員沈慧霞，新南威爾士移民部長歐文，雪梨副市長曾筱龍（Henry Tsang），卧龍崗前市長亞開爾，新南威爾士佛教會會長葛雷恩（Graeme Lyall），佛光會雪梨協會會長廖德培，功德主游象卿、游象乾、謝憲豪等居士，建築師布魯斯特先生等十多人，一起為南天寺主持動土典禮。典禮上，我題贈法語「卧龍崗上法門開，十方大眾感應來；弘法利生南天寺，菩提花果徧地栽」，和現場與會的四千多人共同見證佛光普照澳洲大地。之後便請永東、滿可負責籌建工程與弘法工作。

為了確保南天寺將來能有一個寧靜的環境，後面數百畝的小山丘，儘管不供人使用，但政府還是以象徵性的每年澳幣一塊錢，租借給我們九十九年。我曾開玩笑地問市長：「九十九年之後怎麼辦？」市長幽默地回答我說：「到時候我們發願再來吧！」

南天寺籌建之初，為了就近關心工程狀況，便以附近一座農場作為開山籌備處。農場主人史密斯（Bruce Smiths）的家族在澳洲已經有百年歷史，傳到他是第六代，政府特別明令他的住屋已屬國寶級，不准拆除。想到佛光山只有二十年的歷史，卻能住在百年歷史的房屋裏籌備建寺，因緣實在很奇妙！後來南天精舍又遷至建地後山，伊拉瓦拉湖（Illawara Lake）旁邊的一棟小屋，環境清幽，只要步行十分鐘便能到達南天寺。

一九九五年，南天寺建築工程完成，並於當年十月八日、九日舉行落成啓用暨佛像開光典禮。之後的數日相繼舉行了「國際僧伽研習會」和「國際佛光會第四次世界會員代表大會」等活動，一時之間海會雲來集，海內外貴賓近六萬人共同參與盛會，為澳洲佛教史寫下了輝煌的一頁。

開光典禮當天，澳洲總理基廷（Paul Keating）特別派了移民部長鮑格斯（Nick Bolkus）前來表示祝賀。部長先生當場捐獻了澳幣一百元，作為南天寺後山園林用地一百年的租金，體現了澳洲政府對佛教的認同與肯定，而各家電視媒體也都稱譽南天寺為「南半球第一大寺」。此後，參與寺院建築的工程公司及相關人員，也由於這個因緣而榮獲多個獎項，如：最佳設計獎、最佳燈光獎、最佳建築師獎、最佳花園設計獎等等。

尤其「國際佛光會第四次世界會員代表大會」在南天寺纔舉行，便創下了幾項紀錄：

一、在南半球最大佛寺南天寺舉行會議。

二、在澳洲最大國際會議中心（Harbourside Room）開幕。

三、澳洲史上最大的餐會，備辦有三百桌宴席；澳洲國慶酒會最多是一百二十桌。

四、第一次在澳洲國際會議中心舉辦素齋。由德裔澳籍廚師主廚，已準備好幾個月。

五、除了澳洲國慶外，首次在海上施放煙火。

六、首次發行紀念幣。

七、澳洲警政署特別譜迎賓曲，奏樂歡迎。

八、南半球首度梵唄音樂表演。

九、首度邀臺灣少數民族表演，充分顯示尊重與包容。

十、穿著佛光會服，過海關享有快速通關的禮遇。

南天寺創建至今，在慈容、滿謙、滿信、依來、滿可等歷任住持的帶領下，已有數百萬訪客及居民前往參訪，不僅帶動了澳洲觀光旅遊事業的發展，每年更吸引來自當地新南威爾士各大學、中小學及各界人士二十萬人以上來此禪修、研究佛學或做東方文化參訪，並有無數澳洲當地人士投入寺內義工服務。

除了「國際佛光會第四次世界會員代表大會」，還有不少大型活動也在南天寺舉辦，或由南天寺協辦。例

如：一九九八年「第二十屆世界佛教徒友誼會」在南天寺召開；二〇〇〇年，佛光山梵唄讚頌團登上澳洲雪梨國家歌劇院；同年，南天寺還成爲雪梨奧林匹克運動會聖火傳遞的界標；二〇〇四年，佛光山在南天寺傳授國際三壇大戒，有來自十六個國家和地區、兩百多位出家戒子受戒，不但是澳洲史上規模最大的佛教盛會，也寫下南半球首度傳授漢傳佛教三壇大戒的歷史等等；可以說，近二十年來，在澳洲各地佛光人盡心盡力發展之下，南天寺寫下了許多佛教殊勝的紀錄。

此外，爲了促進澳洲多元文化融和，一九九四年起，每年佛誕節在世界知名的觀光勝地雪梨達令港舉行浴佛祈福法會，至今年年不輟，已成爲達令港重要的年度節慶。甚至一九九八年起，在南天寺舉辦的「南天文藝季」活動，每年也都吸引數萬名海內外人士前來參加。

現在，我們又在澳洲南天寺的對面土地興辦南天大學。二〇〇一年，臥龍崗市政府通過議會決議，有鑒於南天寺自一九九五年落成以來，積極宣揚佛法，推動東西方文化交流，致力於各項教育的推展，帶動當地觀光事業的發展，促進市政的繁榮，因而捐贈二十九英畝土地給南天寺作爲美術館及南天大學建築用地。

二〇〇七年十月，我親自前往主持「南天大學安基動土典禮」。典禮上，我以「大學命名爲南天，青年在此學聖賢；中澳文化交流日，多元種族見太平」一偈作爲祝福。想到澳洲政府對華人的厚愛，同意我們在這裏興建大學，讓佛光山有機會可以回饋世界，我真是對他們由衷地表示感謝。

經過十年的規劃，二〇一一年二月，南天大學應用佛學研究所終於正式啓教。我想，南天寺有會議室、禪堂、教室，也是一所學校，未來南天寺、南天大學在相互成爲助緣之下，前途應該是無限了。

尤其早期參與南天寺建設的滿可法師，是馬來西亞人，很能幹、有毅力，胸量也大。南天寺建設即將完成前，她推薦滿謙法師前往擔任住持，當時我就問：「那你到哪裏呢？」她跟我說：「都不要緊！」後來常住就派她到新加坡弘法。在新加坡十多年間，滿可雖然歷經種種磨難，卻接引了很多青年學佛，共同爲佛教的發展盡心盡力，並且在她的辛苦奮鬥下，二〇〇八年，終於完成了一項艱巨的任務——「新加坡佛光山」道場落成開光了。

我想，現在滿可再度回到澳洲，她對於當地的情況很熟悉，加上長於語言，在教育方面也有理想，南天大學在她的規劃之下，未來必然是會發展得更快了。

南天講堂

在等待南天寺開山建寺期間，據心定告訴我，南天精舍的空間僅足以作爲安單用，有必要再尋覓一處信徒共修的場所。於是我就請他到雪梨視察，找尋據點，最後他在西部帕拉馬塔（Parramatta）地區火車站旁邊，找到了一間原本製造新娘服裝的工廠，約莫可以容納數百人聚會。承購下來之後，我將它定名爲「南天講堂」，還寫了一副對聯「南天佛堂施教化，講堂法雨潤羣生」。

一九九一年，雪梨佛光協會成立大會在南天講堂大殿舉行。由於擔心停車困難，所以事先並沒有宣傳，可是當天與會的信衆竟多達千人。會長廖德培、副會長王思淮、顧問游象卿等三十多人看到信徒如此虔誠後，都一致表示要把雪梨佛光協會帶動起來。

一九九九年，因爲南天講堂建築老舊、空間不敷使用，便拆除重建。二〇〇〇年完工的那一年，適逢雪梨奧運會舉辦，臺北代表隊的跆拳道選手正苦惱找不到訓練場所，我聽聞後即刻將講堂提供出來，不僅讓他們有寬闊的練習場地，連淋浴、更衣等設備，也都讓選手們自由使用。後來臺北跆拳道隊伍在奧運比賽中，獲得一面銀牌、四面銅牌的佳績，我也感到與有榮焉。

承蒙當地的華人代表説，佛光山就像臺灣在世界各地的家，到了海外，遇上困難，只要找到當地的佛光山或佛光會，一切就不用擔心了。我想，能有這個機會爲大家的往來服務，所有在地的佛光人必然也是很樂意盡地主之誼了。

雪梨佛光緣

雪梨位於澳洲東南海岸，享有「世界上最好的住址」美譽，是全球三大美麗的港埠之一。尤其因爲它具有自然景致，又是全澳洲人口最密集的城市、新南威爾士省的首府，也被視爲澳洲的第一大城及商業中心。

一九八〇年代，澳洲政府興起所謂「投資移民」，吸引了數十萬亞洲人移居雪梨。這許多移民初到澳洲，人生地不熟，再加上語言不通，其實最需要的，除了同鄉的協助和關心以外，就是能向佛菩薩訴説心事的寺院道場。

一九九五年國際佛光會世界會員大會由雪梨協會主辦，爲使籌備工作順利進行，督導廖德培居士在中國城租用了一間辦公室作爲佛光會辦事處，並佈置成佛堂，成立雪梨佛光緣，終於讓許多人有了共修之處。

廖德培居士，生於一九四七年，臺北樹林人，原本在王永慶的臺塑公司擔任會計主任，後來離開臺塑，到澳洲發展事業。澳洲第一個佛光會——雪梨佛光協會成立後，就由他擔任第一任會長。他信仰非常虔誠，發願要以弘法護教作爲畢生的責任。藉由本身是財務管理專家的因緣，他也接引了許多當地華人投入護持南天寺的建寺，終於在一九九五年，讓南天寺工程順利完工落成。

再説雪梨佛光緣，後來因爲場地不敷使用，佛光會雪梨協會西一分會會長何灼垣夫婦便發心租借住宅給佛光緣，作爲會員共修之處。雪梨佛光緣位在市中心中國城，距離機場只要二十分鐘車程，到中央火車站也只需步行十分鐘，不但交通便利，而且雪梨大學、新南威爾士大學、雪梨科技大學等頂尖學府也都在附近，可以説是文教相當發達的地區。

因應佛教徒人口的快速增長，後來北雪梨佛光緣、南雪梨佛光緣也相繼成立，同樣都是地處交通便利之處，讓信徒免去舟車勞頓的辛苦，就近便能前往道場禮佛，參與活動。

中天寺

一九八九年，我前往雪梨勘察時，已定居澳洲東部布里斯本的邱錫寬、陳春龍等人，得知佛光山要在雪梨建寺，便打電話給我，熱心地邀請我也能到布里斯本去弘法；有感於信徒的求法若渴，我當下就答應前往普照。

到了布里斯本後，我爲信眾做了一場佛學講座。會後，他們紛紛向我表示要籌組昆士蘭佛光協會，並且希望我能到那裏興建道場；基於信眾的熱切，我便請慈莊前去負責當地寺院的籌畫工作。

初期，爲了讓大眾有一處研習佛法的地方，慈莊先是在距離機場二十五分鐘車程的地方籌備了一間精舍，作爲臨時共修的場所。當時我想到佛陀的另一個德號「中天調禦釋迦文佛」，便將布里斯本的精舍取名爲「中天精舍」，也將籌畫中的寺院定名爲「中天寺」。

中天精舍位在一個小山丘上，四周都是蓊鬱的樹林，視野非常開闊，是一個靜修的好地方。在中天寺還沒有正式興建之前，我和慈莊及負責籌建工程的永全、滿信等人商議，決定先由信徒們籌組「澳洲佛光人會」，以便信眾之間能夠聯誼交流，互相鼓勵。那麼這段時間，中天精舍就暫時成爲他們聚會、活動的地點了。

因爲每逢週六信眾都會來到精舍參與共修，爲了大家用餐的方便，我們還特別加蓋了一間廚房；當時請來

的四個工作人員，分別來自香港和加拿大、馬來西亞、澳洲四地，我還開玩笑地對徒衆說，這間廚房是由四地的人完成的，將來在「開山史」上可以記上一筆。

在慈莊馬不停蹄地尋覓下，終於在布里斯本與洛根市（Logan）交界的地方，找到了一處山丘地，作爲中天寺的寺址。這一塊林地，本來是基督教昆士蘭浸信聯合會的教堂建築用地，因爲他們遭遇建設上的困難，有心想要轉手，正好遇上佛光山覓地建寺，便讓手給我們改爲佛祖的寺院。

一九九一年元月，中天寺開始動工興建，經過兩年的籌建，一九九二年年底硬體建設終於大致完成；這時，我們便把弘法重心從精舍移到了中天寺。

中天寺坐落於國家森林公園和無尾熊保護區內，四周圍都是尤加利樹，不但經常看到無尾熊悠閒漫步在森林裏，偶爾清晨醒來，還會看見袋鼠趴在視窗向人討飯吃；這種人與動物、人與大自然融爲一體的景象，真是堪比天堂的美好。

一九九三年十月，中天寺舉行「佛像開光法會暨三皈五戒典禮」，我應信衆的邀請，特地飛往澳洲布里斯本主持。當時我與洛根市市長羅德葛利、布里斯本市市長吉姆·梭利（Jim Soorley）共同剪綵，同時依來也從南非調派到了中天寺擔任住持。

典禮上，洛根市市長贈送我三面旗子：澳洲國旗、昆士蘭州州旗、洛根市市旗，表達澳洲人民對我們到來的竭誠歡迎之意。尤其沒想到，初來乍到的我們，對於當地也還沒有什麼建樹，政府竟然就已經先在公路指標上加注「佛光山中天寺」的中文字樣；在訝異之餘，對於政府面對外來文化的包容，也讓我覺得很受感動。

爲了感謝政府和人民釋出的善意，中天寺與佛光會積極投入社會公益、文教交流和慈善救濟等活動，希望能進一步加强與澳洲人民的友誼關係。相繼地，在劉招明夫婦等許多發心的信徒熱烈護持各項弘法事業下，短短幾年內，中天寺就受到社會的肯定了。

中天寺在歷任住持慈容、永全、依來和覺善的耕耘建設下，平日除了例行的法會，還經常舉辦中文、英文、廣東話佛學班、禪坐班，乃至辦理中國民俗文化活動、敦親睦鄰、慈善捐贈、藝術展覽以及專題講座等等活動。尤其從建寺開始，就致力於教育事業的推廣，至今每年都有上萬名學生來訪。

其中，值得一提的，一九九〇年由昆士蘭州政府批准成立的「中天學校」，在執行校長陳秋琴女士的悉心辦理下，學生人數增加快速，經常爲了名額超出，空間不足以容納，今年報名的人必須等到明年、甚至後年纔有機會入學；據聞人數最多的時候還達到近千人。不得已，後來只有陸續設立了五個分校，這麼一來，中天學校也就成爲昆士蘭最大的中文學校了。

另外，自一九九七年起，中天寺在南岸公園（South Bank）舉辦佛誕節慶祝大會，從一開始歷經重重考驗，到二〇〇二年開始，昆士蘭政府每年撥款贊助，舉行時間由一天到現在一連三天，人數從三萬人到現在二十多萬人次，甚至不同宗教、種族的人士也前來參與盛會，已經成爲昆士蘭州最有文化特色的六大慶典活動之一了。

中天寺佛光人二十年來，爲了推展「人間佛教」，努力奮鬥，尤其對於當地文化交流、社會服務，多所貢獻，經常受到政府肯定，不但頒發「社會貢獻獎」、「澳洲百年英雄榜」等獎項給依來，授權她成爲合法的宗教人士主禮人，是澳洲佛教界第一位獲得這項殊榮的人士，中天寺也榮獲昆士蘭州政府頒發的「多元文化貢獻團體獎」。

而我則得益於佛光人在當地的優良表現，二〇〇五年十月，澳洲昆士蘭格里菲斯大學副校長康納（Ian O Connor）教授致函給中天寺，表達該大學經由會議推薦審核通過，肯定我推展「人間佛教」對世界的貢獻，而要

頒發榮譽博士學位給我。隔年五月，校長琳妮・福德（Leneen Forde）親自來佛光山頒贈這個學位給我。

現在接任住持的覺善，繼往開來，也因為熱心帶領佛光人投入公益活動，獲頒澳洲聯邦政府莫頓地區的「義工貢獻獎」、洛根市市長頒發「洛根市政府多元文化團體獎」，乃至國際佛光會昆士蘭協會也獲得了昆士蘭州政府頒發的「傑出社會服務團體獎」以及「洛根市教育獎」等等。

可以說，佛光人雖然不善於宣揚自己對社會的付出有多少，但是澳洲政府卻從不輕忽這許多民間團體對社會的貢獻，總是不吝給予佛光人的善心義舉表揚。

說到近年來天災頻傳，就連澳洲這個人間天堂，也不免遭受波及。二○一一年一月，澳洲昆士蘭連日豪雨，造成嚴重水災，當我得知災情慘重時，特別指示國際佛光會世界總會捐助澳幣十萬元。當時昆士蘭州政府由資源、礦業、能源及貿易部長斯蒂芬・羅伯森代表州長前往中天寺接受捐款。另外，為了表達對社區的關懷，我們也捐贈澳幣五萬元給布里斯本市政府，作為救災基金，由市長坎貝爾・紐曼接受。

現在我已經老邁，不得辦法經常到澳洲弘法，只有這麼聊表一點我對昆士蘭人民的幫助心意。不過，據聞目前擔任國際佛光會昆士蘭協會會長的盧姝錦、顧問傅顯達、督導劉招明以及友愛服務隊隊員等佛光大眾，對於中天寺的弘法工作，護持不遺餘力，也是讓我感到很寬慰的了。

黃金海岸世界佛學研究中心

澳洲海岸綫綿延三萬六千公里之遙，其中從布里斯本東南方九十公里處，向南延伸三十二公里的整個海岸地帶，就叫作「黃金海岸」，是澳洲最著名的海灘休閒勝地。

黃金海岸風景優美，因此，當年為了讓佛光會員在公暇之餘，能有個休閒度假的場所，我就在那裏設立了一間禪淨中心；裏頭設備一應俱全，可以提供六十個人住宿，屋外則是古木參天，如同世外桃源。尤其踏出門口，僅十步的距離就是碼頭，停靠有遊艇，隨時想要出海遊玩，引擎一發動，就可以出遊去了。

由於這裏環境清幽，很適合作為藝文人士及學者創作進修之處，所以我一心想要把這個地方作為「世界佛學研究中心」；二○○五年四月，心定和尚前往舉行灑淨奠基典禮，未來興建完成，將供給各界有心研究佛學者到那裏做研究。

墨爾本佛光山、爾有寺

說到墨爾本，一九五六年夏季奧運會就已經在那裏舉行，可見得當時墨爾本的文化、教育就已經相當普及。那麼，佛光山在雪梨及布里斯本穩定發展後，維省佛光協會（現稱「墨爾本佛光協會」）創會會長楊文鑾很有心，每個月都定期邀請法師前往墨爾本華僑文教中心主持共修活動，慢慢地我們也就發展到墨爾本去了。而隨著參與共修的人數越來越多，我們就在墨爾本亞拉維爾區（Yarraville）買下了一座二層樓高，原是天主教女子學院的房舍，作為墨爾本佛光山道場。一九九六年十月舉行開光典禮後，住持堅寬法師便負起在當地積極推動佛學教育的弘法使命。

此外，余文傑、張麗施居士也將位於市區的場地提供出來，作為市中心信眾及佛光會員集會之處，名為「墨爾本佛光緣」，於同年啟用，並且陸續開辦「中華學校」、都市佛學院及各種技藝班。

二○○一年，接任墨爾本佛光山住持的滿謙法師，為了實踐「佛教與藝文」的結合，繼一九九五年在南天寺設立寶藏館後，又在墨爾本設立新的佛光緣美術館，帶動當地佛教的藝文活動，讓「人間佛教」在澳洲的弘傳更加多元化。甚至為了讓維省東區信眾方便學佛，又相繼在東區成立了「博士山佛光緣」（Box Hill）。

同年，澳洲爲慶祝聯邦建國一百週年紀念，舉行花車遊行活動，維省佛光會和墨爾本佛光山道場也應邀參加，當時由滿謙、滿信、維省楊健會長等人率領維省、雪梨地區的佛光會員出席，成爲澳洲政府百年來第一次允許華人代表參加，也是佛教團體首度參加這個盛會。可以說，那個時候墨爾本佛光人的表現是受到政府肯定了。

二○一一年，在依來的帶領下，墨爾本博士山佛光緣重建，更名爲「爾有寺」。二○一二年十一月十日，在現任住持滿可的指導下，爾有寺舉行落成開光典禮。我因爲身體老邁，無法親自前往主持典禮，只有透過錄影來祝福大家。其中我說，之所以取名「爾有寺」，表示「墨爾本有個寺院」；又因爲「爾」是「你」的意思，也表示「你有寺」，你們大衆都有個寺院可以修行了。

期許爾有寺的未來能成爲墨爾本人民心靈的加油站，爲人生的旅途加油；希望它像一間學校，兼具文化、藝術、教育的功能，讓人們可以在裏面學習到佛法的智慧；也希望它能像百貨公司，提供衆生心靈上的需求，讓大家把慈悲、喜捨、智慧帶回去。

西澳道場

說到西澳道場的啓建因緣，就要從移民海外多年的鄒蘇瓊珠伉儷和昆士蘭協會副會長黃陳素蘭師姐講起。一九九二年黃陳素蘭到西澳首府柏斯（Perth）開會，認識了鄒蘇瓊珠，兩人在談話中，深感「人間佛教」對人生的重要性，而發願要在西澳傳播佛法。不久，一九九三年，西澳佛光協會在他們的籌組下順利成立。

之後，鄒蘇瓊珠、鄒希曾夫婦主動提供場地，作爲會員共修之所，並且積極邀請我們到柏斯興建道場。聽聞西澳信衆求法心切，加上永東應邀前往弘法時，在距離市區及國際機場只要五公里的梅蘭茲（Maylands）找到了一塊土地，因此，一九九五年我就請永全前往監督建寺工程。

過不多久，我也應邀到西澳道場主持皈依三寶典禮。比起其他城市，在華人人口較少的珀斯，當天發心前來皈依的信衆竟也有近三百人，在道場幫忙的義工，更是人人都相當盡責，一致表示，只要道場有他們可以出力的空間，或者有需要他們服務的地方，他們都會像爲自己的家庭付出一樣，無私奉獻。

如今，西澳道場在信徒的發心下，「人間佛教」在當地的發展也是蒸蒸日上，舉凡佛誕節、慈善福利、公益活動的推動都受到西澳多元文化部部長約翰・卡斯翠（John Castrilli）、珀斯市市長麗莎・斯卡菲迪（Lisa Scaffidi）、貝斯沃特市市長特倫斯・肯揚（Terrance Kenyon）的贊許。

回想佛光山和佛光會初履澳洲時，全澳只有十四萬名佛教徒，而今佛教已經有百萬以上的信衆，成爲澳洲的第二大宗教，廖德培、劉招明督導等人數十年如一日的參與，領導歷任會長、理監事和會員大衆，共同護持澳洲各地的佛教發展，實在功不可没。

紐西蘭南島、北島佛光山

有了澳洲的據點之後，佛光山在紐西蘭也相繼興建了道場。

紐西蘭位於南太平洋上，是大洋洲一個土地不是很大的國家，分爲南島和北島，總面積比臺灣大七點四倍，但是和臺灣的情況類似，紐西蘭本土也有原住民毛利人，一直到了十八世紀白人不斷遷入後，纔共同參與了紐西蘭的建設。

首先說到佛光山在紐西蘭南島的發展。當我們在南島尚未成立道場前，其實佛光會南島協會就已經率先成立，當時由古捷廉醫師擔任首任會長。古捷廉居士，生於一九四七年，移民紐西蘭後，在自家佛堂帶領蓮友們

共修，並於一九九一年起積極籌設佛光會，夫人古陳素蘭女士後來也成爲優秀的檀講師。二〇〇八年，在住持滿信法師及佛光人的祝福下，爲古家的第三代新生兒舉行毓麟之禮，從此古家便成爲「佛光家庭」的代表。

那麼南島佛光協會成立之後，會員大衆爲了邀請佛光山法師駐錫當地，便決議設立道場。最初，道場是一座位於基督城（Christchurch）的老舊基督教堂，經過整修後成爲佛教的寺院。但是後來由於空間不敷使用，便遷址重建。

經過佛光人多年的努力，坐落於基督城裏卡多商業區中心的南島佛光山，終於在二〇〇六年完成竣工。

南島佛光山以綠建築爲設計重點，曾經獲得紐西蘭國家建築獎，以及公益團體公民信託基金頒發的優良建築獎，是一座兼具藝術、文化、教育及共修功能的道場。應信衆的邀請，二〇〇七年十月三日，落成開光典禮我也特地前往主持。

目前南島佛光山積極投入當地社會的服務工作，尤其二〇一一年，基督城發生里氏六點三級大地震，釀成嚴重災情時，在國際佛光會世界總會於第一時間率先捐款十萬元新幣（約新臺幣兩百二十一萬元）給基督城市政府後，新澳各道場也同時發動賑災募款活動。

位於災區的南島佛光山並且將滴水坊、美術館等空間開放，用以安頓來自各地的救援隊伍，同時提供民衆心靈關懷、飲食、醫療等援助，另外，舉行「紐西蘭佛光人爲基督城大地震誦經祈福暨超薦法會」，藉由法會解除當地居民在地震中突然失去親友的惶恐和哀傷。

可以說，在這一次災難中，紐西蘭佛光人總動員，不分彼此、奉獻所長，帶給災民愛心和溫暖，充分發揮了「人間佛教」給人信心、給人歡喜、給人希望、給人方便的「四給」精神。也因爲紐西蘭佛光人在大地震期

間的愛心付出，受到當地人民的肯定，二〇一二年十二月，住持滿信榮獲基督城市長鮑勃·派克（Bob Parker）頒發「基督城地震賑災英雄獎」，代表佛光人接受市政府的感謝。

至於北島，來自臺灣員林的賴耀森居士是北島佛光協會創會會長。賴居士生於一九三九年，個性謙和、熱心護教，是本山功德主賴義明居士的兄長，也是慧寬法師的伯父。他曾說：「如果我在美國的子女有因緣，我也會很歡喜他們能追隨大師出家。」

爲了在紐西蘭北島能有一處可以聽經聞法的地方，賴耀森和賴義明居士首先發心提供一幢房子作爲佛光會會址；隨後，又有功德主黃明泰、蔡素芬夫婦發心捐地建寺。在多方善緣成就之下，二〇〇七年十月二日，北島佛光山終於落成啓用，成爲奧克蘭最大的佛教道場。

猶記得典禮上，我提取法語：「北島佛光道場裏，護法虔誠起歡喜，佛光道風菩提心，「人間佛教」永相續。」並且致詞說：北島佛光山不只是一座寺院，更是民族交流文化的場所，不論是土著人、紐西蘭人、澳洲人還是華人，進到這裏都是平等的。當天與會的貴賓有：代表紐西蘭總理出席的民族事務部部長克里斯·卡特（Chris Carter）、代表毛利國王出席的索菲亞·姆魯（Sophia Muru）、瑪努考市市長巴里·克蒂斯（Barry Curtis）等近六千人，可謂海會雲來集。

目前，北島佛光山在北島佛光協會歷任會長盧建勳、楊比得、蔡素芬等人的護持下，法務可謂蒸蒸日上。尤其他們樂於喜捨，又歡喜爲人服務，每每道場有需要，總是發心不落人後，護法護教的精神值得讚嘆。

如今，北島佛光山在當地的奉獻也受到了政府的肯定。二〇一一年，當奧克蘭舉辦世界杯橄欖球賽時，市政府爲了讓全球數十萬球迷認識紐西蘭多元文化，還將北島佛光山列入十大必看的勝地，也是旅遊交通手冊中唯一的華裔社團。

其實，在紐西蘭的南島、北島佛光協會，除了成立有華人的分會組織之外，也設有南島、北島英文分會，並由新籍人士擔任會長，他們經常舉辦活動，接引當地人士瞭解「人間佛教」，可以說是佛教本土化的推手。

尤其爲了因應紐西蘭人民重視生活品質，在工作與休閒中力求平衡，因此，南島、北島佛光山在道場內均設有佛光緣美術館，以便提供民衆一個文藝欣賞的平臺。至今館內已舉辦過無數的展覽，例如：中國旗袍特展、陶藝展、刺繡展、竹編展、抽象畫展、油畫展、瓷藝彩繪展，以及「豐子愷和豐一吟人間情味散文漫畫展」等，甚至我的「一筆字」書法在滿信的籌畫下，也於當地展出過。

紐西蘭南島及北島佛光山現任住持滿信是馬來西亞人，她能説英語，漢語中的普通話、福建話、廣東話及馬來語等多種語言，由於她在當地廣結善緣，每次舉行集會活動，都有千人以上參加。尤其二〇一〇年二月，她還受聘爲「紐西蘭皇家員警學院終身心靈輔導師」，成爲紐西蘭皇家員警學校有史以來，第一位佛教比丘尼輔導師，實在是佛教之光。

經過這些年佛光人的同心協力，佛光山、佛光會無論是在南島或北島，都已成爲佛教的代表。不只是佛誕節，道場舉行的各種祈福法會，都有國會議員、市長及大陸和臺灣駐紐西蘭代表參與其中，甚至總理約翰·基（John Key）也出席我們舉辦的活動。我想，這一切的成就都是南、北島佛光山和佛光協會，僧信團結一致，集體創作的成果。

巴布亞新几內亞文殊精舍

巴布亞新几內亞位於澳洲東北部，距離布里斯本三小時航程。文殊精舍就位在首都莫爾斯貝港（Port Moresby）的工業區，是島上唯一的佛教寺院，由馬來西亞籍的鍾志強居士於一九九五年購置興建。

一九九六年，亞洲太平洋地區資源開發基金會董事長劉佳欽至佛光山請法，有意將精舍交由本山管理。當時負責海外人事的慈莊找到覺傳，對她説：「現在有一個地方，名字很長，那裏有黃金、有鑽石，人都是黑黑的，跟非洲很像，你就到那裏吧！」於是覺傳就這樣被派往當地弘法了。

雖然處於人口百分之九十三爲基督教、天主教信仰的國家，但是覺傳努力不懈地度衆，每週六共修法會都吸引了近百名信徒參加。尤其佛誕節在依來法師帶領中天寺僧衆前往協助下，每次都有千人參與，活動盛況還成爲當地報紙的頭條新聞；另外，她還在當地舉辦急難救助活動、成立「中華學校」，爲佛法的弘揚注入了一股活力。

覺傳隻身在異國弘法，與鄰近梵蒂岡宗座外方傳教修女會（PIME Sisters）的六位修女也時有互動，並且建立友好的宗教情誼，平常都會互相關心，守望相助。修女們知道有佛教的比丘尼在當地弘法，都非常愛護她，爲了她的安全，還特別建議當地樞機主教，要把覺傳納入安全保護名單之中，每年的耶誕節都會請她一起過節。因此，覺傳法師便成了唯一一位被納入天主教修女體系的比丘尼。

如今文殊精舍雖已交還當地人士管理，但也期許佛教得以繼續在當地發揚光大。

過去二十餘年來，佛光人積極弘揚「人間佛教」，將「人間佛教」的理念在澳新地區具體實踐發展，使得佛教成爲澳新地區成長最快速的宗教，信仰人口也逐漸擴增，再加上澳洲、紐西蘭人民天性善良，對善美的事物總是欣然接受，不排斥外來的種族和宗教，相信未來在佛光人同心協力下，澳新佛教的本土化是指日可待的。

我要讓非洲從黑暗走向光明

非洲久遠以來，一直都存在著種族歧視、貧窮饑荒、戰亂動蕩等問題，不過，我也有心想在非洲廣結法緣。因此，一九九〇年，當佛光山宗務委員開會時提到亞洲、美洲、歐洲、澳洲等地都已經興建了道場，獨缺非洲大陸，是否有因緣到非洲弘法時，適逢依來法師的俗家兄長吳錫富先生在非洲農耕隊服務，於是我就委派時任佛光山於高雄普賢寺的住持依來前往南非瞭解情況。

一九九一年元月，依來抵達南非後，便前往最多臺灣人居住的新堡（Newcastle）勘察，據聞在這個地方，臺灣人多以開設成衣工廠爲業，不過彼此很少互動，聽到最多的還是同行競爭，互相敵視，想來是因爲缺少佛法的信仰吧。

當時，依來逐家逐户拜訪僑胞，最先認識了舉家移民南非的黄士豪居士。黄居士，一九五八年生，臺南人，是南非新堡市議員，他的夫人趙羚如女士對華人第二代的中文教育也出力甚多。黄居士没想到在南非可以見到出家人，非常歡喜，事母至孝的他，還把握因緣禮請依來爲卧病的母親誦經祈福。

經過了將近一年的籌畫，依來於一九九二年元月再度前往南非，一方面與當地的華僑座談，並且在新堡市政廳禮堂主持了一場「人間佛教」講座，當天有兩百多人與會聆聽；一場講座下來，也就更增加了旅非華人對於佛教信仰的信心。

同年三月，布朗賀斯特市議長漢尼·幸尼柯爾博士（Dr. Hennie Senekal）與市政府秘書長蘭毘·蘭波切（Lampies Lampecht）及南非駐臺代表林宗遠先生等人，代表南非政府，帶著三公頃土地的合約書上佛光山，希望我能在南非布朗賀斯特市（Bronkhorstspruit）建寺。

没想到，當他們親覩了佛光山的建設，以及各項弘法事業對社會的貢獻之後，深受感動，就在贈地的簽字儀式上，當場宣佈要把贈地增加爲六公頃，甚至後來又增加爲十二公頃。於此，我就把寺名取爲「南華寺」，希望未來能成爲華人的榮耀。

布朗賀斯特市位在南非北部，臺灣的姊妹省特蘭斯瓦省（Transvaal）的中心區，距離南非行政首都普利托利亞（Pretoria）以及第一大城約翰尼斯堡（Johannesburg）都大約五十公里。當地工業相當發達，尤其都市規劃完整，是南非的經濟心臟地帶。

當時，我和漢尼·幸尼柯爾議長在佛光山的檀信樓禮堂，共同主持了這場贈地簽約儀式。議長致詞時表示，南非以良好氣候、盛産鑽石、黄金及没有空氣汙染聞名，當地有三萬多名華僑，臺灣是南非五大貿易夥伴之一；南非的土地是臺灣的三十四倍大，但人口只有兩千七百五十萬。並且强調説，他先後來臺灣十三次，這次簽約象徵的是臺灣與南非政府的密切友誼。

這一次南非政府捐贈土地給我們興建道場，無非是希望藉由佛教平等、和諧的理念，來促進非洲社會的平安、祥和。當然，佛光山也很願意承擔這個任務，將佛法帶進南非，以消除當地的種族衝突，因此就派了慧禮法師前去負責南華寺的工程興建，當時預計兩年可以完工。

不久，同年的六月，時任南非新堡華人投資協會會長的黄士豪先生，因爲母親捨報往生，拜托佛光山前去爲他的母親作佛事，依來、滿穆等五位法師於是前往新堡爲黄老夫人主持梁皇法會及告別式；一場佛事真是可以做到「生亡兩利」，那時儀式的莊嚴，讓當地許多華僑都感動不已，也就讓他們更加期待佛光山在南非的道場能夠早日興建完成。

當黄老夫人的靈骨回到臺灣安厝時，黄士豪居士特地上佛光山探望我，除了感謝，也表達寺院道場的興建

對僑民非常重要。他認爲如果南非也有「人間佛教」，大衆的精神生活必定可以更加提升。並且說，他的朋友有一個辦公室，願意提供給佛光山無限期無償使用，希望我們能夠接受。

印象深刻的是，黄居士告訴我：「只要自己在政壇一天，一定會盡全力護持佛教！」難得有從政者對宗教的發展如此開明，所以我就囑咐依來前往南非全責籌辦道場設立事宜。

於是依來再次帶領著永嘉、滿穆、覺仲等人前往南非，展開非洲弘法的第一步。他們在一望無垠的高原大陸來回奔波，挨家挨户地拜訪，終於在一九九三年農曆春節期間，成立了非洲第一座佛光山道場「新堡禪淨中心」，同時還成立了佛光會籌備會，委由黄士豪居士擔任顧問。

此後不久，位於高原上的「花泉之都」布魯芳登（Bloemfontein），也陸續成立了布魯芳登禪淨中心以及展開布魯芳登佛光協會的籌備會。甚至遠東企業徐旭明、王譽秀夫婦因爲兒子在南非讀書，知道華人對信仰的需求，因而發心提供住所，成立佛光山約堡講堂，同時他們也對南華寺的護持不遺餘力。

經過一年半的時間，依來等人馬不停蹄地在新堡、布魯芳登、德本（Durban）、約堡、開普敦（Cape Town）等地相繼成立了道場。有了這些據點作爲弘法的基礎，我又在一九九三年九月，請時任國際佛光會「中華總會」秘書長的慈容法師前往南非，爲約堡、普利托利亞、布魯芳登、新堡、德本等佛光協會主持成立大會。從此，佛光會便正式在南非展開各項文化、教育和慈善的活動。我也期許這些協會的佛光人都能本著佛心，促進非洲走向種族融和，讓民衆過著安樂富有的生活。

一個月後，南華寺終於舉行動土灑淨典禮。那一年，國際佛光會在臺北林口體育館舉行「國際佛光會第二次世界會員代表大會」，中非剛果代表團的熱内（Rene）、古昂巴（Govamba）、比庫阿（Bikoua）、基芒古（Kimangou）、奥科尼亞（Okogna）等五位學者，也代表非洲前來參加會議；會後並且留在佛光山受持三皈五戒，研習「人間佛教」。一回到非洲，他們旋即就組織了剛果佛光協會，並由熱内擔任會長。

那麼，在依來、慈容等徒衆不辭辛勞地到南非開拓、弘法之後，一九九四年十月，我應南非各地信衆的熱誠邀請，也前往南非主持佛學講座、皈依典禮以及史瓦濟蘭等佛光協會的成立大會。那是我第一次踏上非洲陸地，當中最感殊勝的，就是我爲十名來自剛果的青年主持剃度典禮，這應該是兩千五百多年來佛教史上首批出家的非洲人，也是佛教在非洲首次舉行的剃度典禮。

記得那時我勉勵這許多黑人徒弟：「黑」是世界上最美麗的顔色。也期許他們發心法傳非洲，讓更多非洲人獲得佛法甘露的滋潤。當然，看到這麼多當地人士發心出家，頓時間，也讓我覺得非洲佛教的本土化是大有希望了。

另外，當時還有許多賴索托（Lesotho）的華僑也特地組團前來參加皈依典禮，由於求法心切，他們向我表示要合資購買一幢房屋，捐給佛光山作爲信徒共修集會的場所。後來我把它定名爲「妙覺佛堂」。

這一趟弘法行程，我也再次與布朗賀斯特市議長漢尼·幸尼柯爾先生見面。我告訴議長：「兩年前的簽約，是『願心的起點』，今日的見面，則是『願心的成就』！」漢尼議長聽後也歡喜地答説：「兩年多的等待，换來今天稀有難得的聚會！」兩次與漢尼議長的接觸，讓我深深感受到非洲人對不同宗教的包容和友善，尤其當地民衆純真善良，很容易接受佛法，也就讓我覺得，未來佛教在非洲的弘揚，前景寬廣。

一九九四年後，直到二〇〇一年四月，「國際佛光會第三届第一次理事會」在布朗賀斯特市召開，我纔又有因緣踏上南非土地。其實會議前幾天，我就已經抵達南非，在約堡協會鄭金梅會長等人的帶領下，驅車前往史瓦濟蘭。當天在國王官邸主持了兩百輛輪椅的捐贈儀式，但是因爲國王身體不適，不克出席，而由史國王母恩彤碧（Ntombi）代表接受。

回程中，鄭會長等人還順道帶我到南非最大的野生動物園「克魯格國家公園」（Kruger National Park）參觀。這一段穿插的行程，在杉騰太陽賓館（Sandton Sun Hotel）舉行的理事會開幕式上，我也對八百多位與會的代表提起。我說：「我看到了獅子、猴子、豹子等十幾種稀有動物，可惜就是沒有看到孔子、孟子、莊子等這許多聖賢，不過想不到今天在南華寺，卻看到了這麼多來自世界各地的君子、佛子、佛光人。」話音甫落，現場就響起了一片掌聲。

此次開幕典禮，當地的大使、部長、教授、學者、專家也都前來觀禮，我想他們或許是想要來瞭解佛光會究竟是一個什麼樣的組織吧。

其中，有一位南非大學宗教系主任克魯格（Kruger Korbus），還根據自己的研究，介紹佛教在非洲發展的情況。他說：「佛光山的出家人是史上第三次進入非洲弘法的佛教徒。第一次是在佛陀涅槃後一兩百年間，印度阿育王主政的時代；那時，已有出家人進入北非的埃及，但是最後因為沙漠阻隔，而無法進入南非。第二次是鄭和下西洋，雖然有出家人隨著船隻到過東非，但是由於沒有後援，最後還是沒能讓佛教在非洲生根……」說到這裏，也就不免讓人感到遺憾，假如當初佛教傳進了非洲，非洲也就不會成為「黑暗大陸」了，佛教必然是能為非洲社會帶來光明的。

此次會議，我還提出佛法「四化」的願景，一是佛法人間化，二是生活書香化，三是僧信平等化，四是寺院本土化。其中，「寺院本土化」在我的理想，是希望將來海外的別分院都能由當地的出家人領導。總想，如果當初西來寺是由美籍的出家人擔任住持，南天寺、中天寺是由澳洲籍的出家人當住持，南華寺是由非洲籍的出家人當住持……如今佛教的發展必然會是不同的風貌了。

就像當初印度的出家人來到中國弘法，不也只是參與經典的翻譯，建寺的工作都是交由中國和尚做，纔能建立起今日的中國佛教嗎？假如當初都是印度的和尚在中國建寺院，那麼現在的中國佛教又會是什麼樣的局面呢？所以，我想達摩祖師東來，傳法給慧可，是有其道理的。為什麼？只為了本土化！

再說經過七年的籌建之後，南華寺高高聳立，儼如一座中國式宮殿，但是工程卻依然還在進行。大家滿是歡喜讚嘆，而我卻心有掛念，因為我們人力不足，財力有限。所以，佛光會理事會一面進行，而我也一面做建寺工程的瞭解。

一聽之下，問題來了，慧禮沒有按照我的指示：「先求有，不宜大」，他的心實在太大了，一個南華寺居然要蓋五個城門，工程沒有如期進行，還要賠上好幾億元。我立即要他將工程告一段落，先有普賢殿可以拜佛就好，不一定要大雄寶殿。

為了解決問題，在理事會中，我還是集合了前來參加會議的各地住持、當家，共同商討因應之道。當時我提出了兩個方案，一是宣佈破產，二是大家一起拯救南華寺。當下，在各地弘法的徒眾都於心不忍，紛紛舉手希望同心協力來援助南華寺的財務困境。

尤其會議期間，還承蒙國際佛光會世界總會副總會長吳伯雄居士給予支持，率先就將準備好為太太購買鑽戒的一萬美元，捐作南華寺的紓困經費。他的一席肺腑之言更是感動了所有與會的理事，他說：「心中的鑽石比起手上的鑽石，是更有意義、更有價值的了。」話纔講完，現場便響起如雷的掌聲，陸陸續續也有人表示要響應。

真是感謝全球佛光人的大力協助，沒有他們的發心，也就沒有現在的南華寺；二〇〇五年，南華寺終於度過建寺的關卡，舉行了大雄寶殿落成開光典禮。

經歷了這一場困境之後，在南華寺導師依淳法師的指導下，多年來住持慧昉法師帶領著依岸、依寬、永

福、永嘉、滿穆、慧祥、慧培、慧了等僧信二衆秉持佛光山的四大宗旨：「以文化弘揚佛法，以教育培養人才，以慈善福利社會，以共修淨化人心」，作爲在非洲推展「人間佛教」的準則，寺務也越來越興隆，是最讓我感到欣慰的了。

以文化弘揚佛法

慧昉法師爲人正派、明理，很有忍耐力，在南非奉獻已經超過十五年，就任住持以來，他在文化方面，透過寺院裏的一磚一瓦，讓民衆瞭解中華文化，也從一花一草、雕像藝術中傳播佛法，每年定期舉辦的「中華文化嘉年華會」、「光明和平節」，以及「跨年迎新放天燈祈願」等活動，也都吸引上千甚至上萬的中非人士前來參加。

其中，爲了推動宗教間的交流對話，消除種族間的對立，南華寺與佛光會約堡協會、普利托利亞協會等共同舉辦的「光明和平節」活動，至今已舉辦了十一個年頭，每一次都有南非當地的宗教團體，如：泰國法身寺、日蓮正宗、希臘東正教、賽巴巴教、伊斯蘭教、巴哈教、天主教、奎師那教、藏傳佛教等十多個團體代表出席，千人與會的盛況可謂空前。尤其活動中並舉辦有「宗教論壇」，各宗教針對當前全球關注的貧窮、人權、環保等問題進行討論，氣氛和諧，熱絡，可以說達到了促進宗教融和的目標。

另外，每年中國新年舉辦的「中華文化嘉年華會」，深具中國文化藝術的舞龍舞獅、中國功夫及畫紙傘、茶道、書法、剪紙、拓印等活動的演出或推廣，也都吸引數以萬計的人潮參觀。

乃至於近幾年來，由南非普利托利亞協會主辦、各佛光協會協辦的「南華杯攝影比賽」，也吸引了上百位攝影專家參加；由佛光山文教基金會主辦的全球性「人間音緣徵曲比賽」，在南非舉行初賽時，更聽說當地許多著名的音樂家、歌手也都熱烈響應，並且以當地多元文化的歌曲風格呈現，增添了比賽場中的歡樂氣氛。

基於南華寺不只代表佛教文化，也是中華文化的理由，二〇一〇年，臺灣駐約堡辦事處裁撤時，在部分藏書捐贈給中文學校或僑團後，時任駐南非代表處代表傅迪先生，幾經思考，決定將一套珍貴的文淵閣版《四庫全書》交由南華寺收存，以發揮它最大的功用。

我想，文化是超越種族、膚色和語言、文字的，它是人類文明的傳承。未來希望南華寺能更進一步透過文化的交流，促進各宗教、種族間的相互瞭解，以增進非洲人民的幸福與安樂。

以教育培養人才

在教育方面，非洲佛學院自一九九四年成立至今，已經錄取了將近三百位來自南非、賴索托、津巴布韋、坦尚尼亞、納米比亞、斯威士蘭、博茨瓦納、馬達加斯加、馬拉威、剛果、肯亞等非洲國家及以色列、巴西等國的學生，他們有的在南華寺學習中文和基礎佛學之後，因爲表現優秀，被選派回佛光山叢林學院進修。可以說，他們每一個人都是非洲佛教本土化的種子部隊。

那麼在僧伽教育之外，南華寺也積極推動社會教育。有鑒於南非學費昂貴，黑人教育不普及，失業率和犯罪率偏高，爲了協助貧窮地區的青年習得一技之長，以便改善他們的生活，進而減少社會問題，南華寺於二〇〇五年專爲黑人住民成立「電腦基礎班」，並於二〇一〇年正式成立「南華教學中心」，每年定期舉辦電腦訓練營，每一期三個月，經檢定合格的畢業生可以獲得微軟公司頒發的國際認可證書。

爲了幫助「南華教學中心」的順利成立，當時南非佛光青年團還發動募款餐會，希望能夠藉由善心人士的力量，幫助更多非洲需要幫助的人。尤其在約堡協會副會長陳養衡居士率先響應捐贈電腦後，更加速了教學中

心電腦班的成立。

除了南華教學中心，在 Kwa-Mhlanga、Dark City、Zama Zama、Witbank 等黑人鄉村，以及國際兒童村（SOS Children Village）也都設有電腦教室，以便就近照顧在地居民和青年學子。這許多學生都很努力，甚少上課缺席，目前已有近兩千人受惠，大部分的青年都順利找到了工作，有的擔任超市收銀員，有的擔任市政府行政人員，有的從事銀行工作，也有的人自己創立事業。聽說他們的種種成就，我也很替他們高興。

尤其這些學員經過三個月的學習之後，都會主動現身說法，鼓勵大家不要放棄自己，更不要做一個只會埋怨政府不提供工作機會的人，而要自己替自己爭取機會。我想，這就是我常說的「做己貴人」的意義，很歡喜他們在學得技能之後，也同時學得了做人處事的積極態度了。

另外，南華寺每年除了爲兒童、青少年舉辦才藝營，也爲當地的非洲兒童專門開辦「非洲兒童營」，由南非的佛光青年和普利托利亞大學、金山大學等當地的大學生帶領。營隊舉辦期間，除了指導兒童學習生活技能，也教授他們佛門禮儀和禪修課程，希望藉由團體活動的參與，來提升非洲兒童的自信心。

說到南非佛光青年，據徒眾們告訴我，自「南非佛光青年團」成立以來，團員們對於南華寺所舉辦的活動，無不積極參與，舉凡從廚房的洗菜切菜、宴會的知賓、講說的翻譯、活動的策畫、節目的主持、事務的行政乃至寺院的導覽等等，樣樣都能承擔。

尤其在團務的歷練下，如今有許多青年更已升任爲佛光會幹部。例如，現在擔任佛光會約堡協會理事的就有：服務於財務公司的黃大維、在銀行任職的招君雄、開設律師事務所的黃志博博士，以及擔任協會秘書長的電腦程式設計師周廣；另外還有擔任普利托利亞佛光協會秘書長的詹鎧霙博士，她同時也是普利托利亞大學的高級講師。

可以說，「人間佛教」有了這許多有理想抱負的青年傳承發揚，在當地的發展是更有力量了；他們都是佛光青年的楷模，也是佛教青年之光！

以慈善福利社會

在慈善方面，南非各地佛光協會與南華寺也以協助貧窮地區的居民、學生爲目標，每年進行多項捐贈活動，例如：冬令救濟、輪椅捐贈以及學校營養午餐、電腦設備的提供等，藉以改善當地民眾的教育水準和生活品質。

除了南非以外，我們也在非洲的坦尚尼亞、剛果等國家，不斷推動防治愛滋病及收養孤兒的社會慈善福利工作。尤其對於非洲日益嚴重的愛滋病問題，南華寺也曾在梅茲韋丁（Metsweding）市政府的協助下，舉辦「愛滋關懷藥師琉璃光成長營」，一方面提供佛教自我提升的方法，一方面也爲醫護人員加油打氣。

想到當年我在南非出席理事會時，也是虔誠佛教徒的駐南非臺北聯絡代表處代表杜稜先生，呼應說：佛教「五戒」是治療愛滋病最好的藥方。我想，南非的僧信大眾是盡力在這方面做出呼籲和努力了。

另外，距離南華寺約莫三十公里處，有一個崇達瓦特（Zonderwater）監獄，是關閉重刑犯的地方。南華寺的職事 Peter 居士每三個星期一次，固定前往監獄指導禪修和教授佛法課程；受刑人長時間在佛法的薰陶下，也有不少人發心皈依三寶或受持五戒。

只是這一些事情平時都不爲人所知，因爲佛光山的出家眾不善於宣傳我們做了什麼，大家都很本份，也很保守，總認爲事情做了就好。

以共修净化人心

在共修方面，南華寺與各地的禪浄中心除了每個星期固定舉行的共修會以外，也舉辦梁皇法會、精進念佛會、大悲懺法會等，並且深入社會各個階層，舉辦佛誕節的「浴佛法會」、觀音菩薩成道紀念日的「觀音巡境祈安活動」、佛陀成道日（法寶節）分送臘八粥等活動，藉由佛法的力量來安定人心。

當然，非洲也與全世界各別分院一樣，舉辦三皈五戒、抄經修持、一日禪、七日禪，乃至佛化婚禮、毓麟祈福禮等，讓佛法融入人們的日常生活當中。尤其去年（二〇一一年）起在南華寺舉辦的毓麟祈福典禮，不僅有一百多個新生兒參加，更吸引了上千名遊客觀禮，在當地可謂是一場別開生面的祈福活動。

除了上述道場舉行的法會、活動之外，南華寺爲了與所在的布朗賀斯特社區聯誼互動，二〇〇九年在和社區居民數次溝通、研議後，也曾以足球賽來加强彼此的交流。當時，南華寺星期學校培養的青少年足球隊，與社區的青少年足球隊共同在社區中進行了一場足球友誼賽。甚至每年南華寺更聯合各個佛光協會，到約堡地區非洲商貿中心、西羅町、中國城、香港城、温州城、東方商城等商家店面分送臘八粥結緣等等。

佛光山在非洲的發展，除了南非各地設有道場據點外，值得一提的是在中非剛果設立的「黑角佛光緣」，現在由出生於黑角的剛果籍慧然法師擔任監寺。在他的帶領下，當地佛教的本土化已有顯著成效，數百位來往道場共修的信徒全都是當地人士。雖然平時他們以漢語拼音來誦念經文，卻不減對佛教信仰的虔誠。尤其在慧然的努力下，二〇〇八年，有兩百位黑人朋友皈依在佛陀座下，成爲佛教徒。

據聞皈依前的數月，前往主持皈依典禮的慧昉法師，因爲剛果海關爲難不得入境，許多剛果信衆得知後都非常失望，甚至淚流滿面。不過，在他們幾個月的殷殷期盼下，慧昉終於抵達黑角市，大家見到他的那一刻，都相當地興奮。不過，由於當天皈依的人數衆多，道場小小的空間實在容納不下，只有將典禮移往大街上舉行，這麼一來，也引來了許多駐足觀禮的人潮。我想，有了這兩百位的黑人信徒發心學佛，「人間佛教」在非洲大地的弘揚，是更邁向前一步了。

總説我與非洲佛教，今日佛光山在非洲弘揚佛法，之所以能有這許許多多的成就，實在要感謝長久以來，南非各佛光協會歷任督導、會長的發心，他們領導會員大衆全心全意護持南華寺的精神，實在讓人感動。例如：國際佛光會世界總會的陳阡蕙理事，約堡協會的江昇達、鄭金梅、游國昱、黃清男、馮德滿，開普敦協會的李昇隆、蘇保全、廖曹淑賢，德本協會的林偉煌、薛燕福、林政昇，普利托利亞協會的楊純明、李傳鏗、江正國，賴索托協會的顔美枝、王螢鶯、顔美珍，布魯芳登協會的陳偉信、黃忠永、吴姿瑩，新堡協會的林聰富、張順寬、唐賴秀蘭等等，都可以説是「人間佛教」的行者。

我人雖然不常到非洲，但是經常關心起徒衆在當地的安全，心繫著信徒對佛教信仰的信心是否堅固，尤其希望「人間佛教」在當地的發展，能幫助非洲居民生活得更幸福、更安樂。是所爲盼！

我感念佛陀的祖國——印度

在我還沒有出家的童年時，除了知道我們的國家「中國」外，我曉得世界上還有另外一個國家叫「印度」。我當時那麼幼小無知，怎麼會曉得有印度呢？這是源於我們當地不少的鄉親在上海服務。我不知道上海在哪裏，但是，我知道上海是我們中國的一個地方。

據說上海有很多的大樓、公司，都是由印度人來看守，擔任門衛。印度人大都留著鬍鬚，頭上圍著紅頭巾，所以大家都叫他們「紅頭阿三」。我對於這許多奇異的人物，生起了好奇心。真慚愧！那時候的我，還不曉得印度有佛祖，只知道印度有許多的「紅頭阿三」。

有一次，印度的「紅頭阿三」到我們的家鄉來訪問，圍觀的人，重重疊疊地把他們包圍起來，他們個個高大威武，兩眼炯炯有光，鬍鬚飄飄，年齡也不大，我一看這「紅頭阿三」，大概就等於看到我們中國的武俠人物、神明一樣，於是對印度留下了深刻的印象。

後來，我跟外婆到佛堂裏去拜拜，知道有個觀音老母，但也還不知道有釋迦牟尼佛，只有在我童玩的時候，我們打的戰釘、洋片裏，最大的武器就是「如來佛」，於是我就知道這世界上還有個「如來佛」。

到十二歲時在南京出家了，我纔知道有佛祖。佛祖是什麼樣子？就是大雄寶殿裏供奉的聖像。我覺得他和我有關係，但好像又沒有關係；佛祖也沒有跟我講過話，他端坐在那裏，又沒有動作，我在想，他就是我當初幼兒時所知道的如來佛嗎？有一天當我長大，我一定要詢問：佛祖究竟是什麼？爲何會有萬人崇拜他？從此，我也就隨順著大家學佛，信仰佛教，教主是釋迦牟尼佛，我皈依三寶佛法僧，我也受過比丘戒兩百五十條，真正成爲一個佛弟子，我以爲這就是人生最高峯、最究竟的境界了。

直至一九六三年，我纔有因緣拜訪佛陀的故鄉——印度。當時，「中國佛教會」有一個訪問東南亞各國的計畫，由於當時臺灣與印度之間沒有「邦交」，所以沒辦法辦旅行證件。我是訪問團的秘書兼發言人，必須負責找門路辦手續到印度去。後來我聽說，印度沒有駐臺代表處，只有英國的駐臺代表處可以代辦旅行證件，於是我們就跑到淡水找英國駐臺代表處辦理。但是當時英國駐臺代表處的服務人員態度非常的傲慢，沒有禮貌，當面就拒絕我們，不肯辦理。後來我們從英國駐臺代表處出來，纔聽人家說：沒有外交關係，都會這樣的。

我不肯放棄，又再去了第二次、第三次，他們就說，要打電報拜托印度辦理旅行證件，電報費兩百塊美金。在那時候，兩百塊美金是很大的一筆錢啊！但是爲了要到印度去，也只好忍痛付這筆兩百塊美金的費用。結果繳了錢以後，從此再無消息，即便我跑了多趟的英國駐臺代表處，到最後，也不了了之了。

我心想，印度是去不成了，但是原訂訪問東南亞的行程，不能不照常走，於是我們仍按原定計畫，如期出發。

我們第一站去了泰國。這是由泰國國家出面邀請的，因此我們也算得上是國賓，同時接受了旅泰華僑佛學社的招待。我記得，當初住在「中華佛學社」裏，每天還有四個泰國警察替我們守衛站崗，據說是國家宗教廳派來保護我們的。

「中華佛學社」總幹事楊乘光居士告訴我，臺灣駐泰國的代表杭立武先生，跟泰國駐印度的官員很有交情；假如你們要到印度，可以跟杭先生提一提，請他拜托泰國駐印度的官員，說明你們想去印度的計畫。

我聽了這個消息，覺得有希望了。於是，在訪問臺灣的駐泰國官員杭先生時，就向他提出我們想到印度去，可惜沒有辦法去等等。

他聽了之後，點了點頭便說：「我來想辦法！」

第二天，就叫我們把材料送到印度駐泰國大使館去辦旅行證件。就這樣，印度能去了。

我們把原先預定的行程都延後，就在一九六三年七月八日飛往印度。臨行時，「中央社」的記者還交給我一張名片，他說，如果有重要的新聞，這個通訊地址可以連繫。我記得這張名片上只有地址，好像沒有電話，連電報也不知道如何個打法，只能靠信件通訊。在這樣的情況下，我們就出發前往印度了。

那是豔陽高照的七月天，飛機起飛時，眼看太陽就要西下了，但是飛了兩個半小時，抵達印度加爾各答的時候，看到太陽還隱隱地靠近地球的底端，好像這兩個半小時我們是追著太陽跑一樣，似乎到印度的航程並沒有花太多的時間，只覺得很興奮。

當時有百餘位僑胞來迎接我們，當中有葉幹中僑領、譚銳爍僑領和張崇銘僑領。他們三個人是僑界的領袖，引導我們住到旅館去。印度的華僑看到我們很歡喜，因爲印度和臺灣久無「邦交」，突然看到有中國人來，非常的高興，一直邀請我們吃飯，光是在加爾各答，就花了四五天的時間。但是我們的目的，除了訪問僑胞以外，最重要的，當然就是去朝聖，要去禮拜佛陀。

七月十二日夜裏，我們從加爾各答坐火車到菩提伽耶，火車站裏、月臺上，到處擠滿了人，可以說睡滿了人。真的要很注意腳下，深怕一個不小心，便踩到別人的身上去。上到火車裏，聽說我們已經沒有座位了；但是有一對新婚夫婦，一看到我們立刻就說：「他們都是『爸爸』，我們到別的車廂去擠一擠。這裏讓給他們睡吧！」

原來在印度，稱出家人爲「爸爸（印地語：Baba）」，這是他們對所有修行人的尊稱，表示對師長像父母一般的恭敬。由於路途還很遙遠，他們就讓給我們睡了。

印度的火車，一般設備是一個車廂裏有好多張牀，它是出了名的又慢、又不守時，一路經過的山洞又多、路途又長；總之，印度火車的名聲不好。

儘管如此，只要我們乘上印度的火車，還是覺得很好。清晨五點多左右，到達菩提伽耶，下了火車不遠的地方，就是菩提伽耶佛陀的正覺大塔。我們非常興奮，甚至連早飯都不想吃，就急忙去金剛大塔拜佛。守塔的工友叫我們必須脫了鞋子，纔可以入園禮拜。早晨的露水很重，地上泥土都是濕的，我們也不以爲意，覺得只要在佛陀的故鄉，什麼都是好的，甚至連泥土都是芳香的。我們把鞋子脫了，走到塔前，向佛陀聖像跪下來頂禮。

那一刻，我好像忘記了時空，忘記了人間的一切，當下覺得：「佛陀啊！我找到您了！原來您就在這裏，就讓我也死在這裏陪伴您吧！」

我真的是有這樣情懷！

不知過了多久，隊裏的團友叫著：「走啦，走啦！」

我心裏極不願意，爲什麼要走呢？這裏多麼清涼，多麼安詳，多麼自在，這裏這麼美好，爲什麼要走呢？萬分不得已，只得跟大家一起走了。我發願，將來我一定還要再來。

之後的行程，我們到了佛陀修道的聖地尼連禪河。適逢乾季，河裏沒有水，我抓起河底的泥土，想看看有沒有佛陀的腳印；我慢慢地在村莊的四野遊走，想看看有沒有帶著羊羣的牧羊女。

就在這時，一羣窮苦的兒童一哄而來，向我們要東西，當下我很高興，身上所有的東西，都願意給他們。因爲這是佛陀的祖國，這是佛陀成道的地方，這些是佛陀故鄉的兒童。

我們又訪問了靈鷲山，想起佛陀當初在此爲百萬人天說法的盛況，我萬分景仰。我感到每一個聖地、即便是一塊磚頭、一片破瓦，都比鑽石來得名貴，都是無比重要，都得小心翼翼，不能破壞它。

帶著這樣的心情，我們也到訪竹林精舍、波羅奈斯的鹿野苑，這是佛陀初轉法輪的聖地；訪問了拘尸那城，這是佛陀涅槃的地方；接著訪問了佛陀誕生處——藍毘尼園。

總之，那一次朝禮佛陀的聖地，每到一個聖地，彷彿沒有我肉身的存在，就只有佛的世界。我從此想著，我一定要發現佛陀，我要和他見面。

這就是我第一次和印度佛陀聖地相遇的因緣。

想不到的是，我們此來，沒有見到佛陀的真身，卻為華僑同胞做了兩件很有意義的事情。在加爾各答，臨行前往新德里朝聖的時候，當地的僑胞們告訴我說，假如你們在新德里可以見到尼赫魯總理，請務必要求他兩件事情：

第一件，我們在印度居住的七百多位華僑，也沒有犯罪，卻都被印度政府給拘留了，請他務必要把我們的同胞釋放出來。第二件事情，臺灣有兩部高雄的漁船被印度扣留了，也請他們一併釋放。

我一聽，我們哪裏能有這麼大的辦法？我們與印度又沒有「邦交」，一個小小的訪問團，能做成這種大事嗎？但世間因緣很奇妙，也蒙佛加被，竟然就讓我們見到了尼赫魯總理。我向他提出後，他立刻答應。第二天，華人們都被釋放了。

當兩個月後行程結束，我回到臺灣高雄時，在火車站，幾百位漁民來迎接我們。最初，我也忘記了這件事情，後來想，必定是那兩條漁船上的漁民都回來了吧！

這就是我第一次到印度朝聖的過程。此後我還有訪問印度的因緣，有許多值得紀念的回憶。

我第一次到印度是一九六三年，由於對印度的思念，之後一直想找機會要再去。終於經過了十年的時間，我如願再度到了印度。

我實在是很思念印度，印度在我的心中，是一個聖潔的地方，是一個佛國世界。由於我曾經訪問印度的關係，這十年來，印度的華僑們每一年都會來臺灣參加「雙十節」活動。他們每年一來，大多是數十人到百餘人不等，都住在佛光山臺北別院。

雖然臺北別院不是很大，但我也很樂意成全他們，我們把印度當成第二故鄉，當然故鄉來的人，我們把他們當成上賓一樣，樂意提供他們各種接待。由於這樣的因緣，他們催著我到印度去建寺院，但是我們語言人才不夠，光是在當地度一些華人，實在沒有什麼意義。我們應該要找懂英文的人去印度，能復興印度的佛教，這纔最有意義。

在這其中，有人說，印度這個地方很骯髒，但我看到的是印度人的心地很善良；有人說印度人很貧窮，但我說印度人精神世界的富有無人能比；有人說印度人很懶惰，但我看印度人很知足，一塊麵包、一個饅頭、一杯水，一天就過去了。有人說印度人不講信用，其實我看印度人是最值得信賴的，不然你看那些上海人找守門的人，為何都要找印度的紅頭阿三呢？

我認為印度是個很美的地方，尼赫魯先生說得對，他說：「印度是世界的文化古國，但假如沒有佛教，印度還有什麼文化可言呢？」

可惜的是，印度出了這麼一位大聖者、大覺者——佛陀，卻沒能改善印度的階級制度紛爭，真如佛陀所說：「我如良醫，知病予藥，汝若不服，非醫咎也；我如善導，導人善路，聞之不行，非導過也。」

後來，我也禁不起華僑們的再三催促，說要把位於波羅奈斯鹿野苑裏，由李俊承居士所獨資捐建的「中華佛寺」，交由佛光山來管理。

當時，我們一面開山建寺，一面訓練人才，可說是分身乏術。不得已，在華僑們的敦促之下，就派馬來西

亞籍在佛光山出家的慧性法師前往接辦管理。

慧性在當地吃苦耐勞，也度化了許多的兒童、印度人學佛，但由於他的性情太過於耿直，受到一些華僑們的欺負，不得已他又回到馬來西亞去，讓我們也失去了「中華佛寺」這個重要的弘法基地，甚爲可惜。

由於我這一次到印度去，不是佛教訪問團，於是就有時間到聖地一一去禮拜，尤其在菩提場的菩提樹下，我撿了許多的菩提葉，把它當作珍寶一樣帶回臺灣與人結緣。

我又在佛陀說法的臺上請回了琉璃磚，和佛陀涅槃場的五穀磚，甚至用瓶子裝了恒河沙，把它們備好帶回臺灣。

我知道我在佛光山即將要啓建的大雄寶殿，需要這些當作奠基之用的聖物，因此，現在佛光山大雄寶殿的地基下，有這許多來自佛陀故鄉的琉璃磚、五穀磚、恒河沙等聖物作爲奠基，所以有人說，佛光山大雄寶殿的佛祖很靈感。與聖地有因緣的地方，怎麽會沒有靈感呢？

這一次到印度又去訪問尼泊爾，預備在尼泊爾藍毘尼園興建一個佛光寺。因爲過去聯合國早有復興藍毘尼園的計畫，要向世界佛教徒募款，我在臺北也發動過贊助，預備將這些基金捐獻給尼泊爾，但後來卻遲遲不見其動工。

於是我直接跟尼泊爾的政府交涉，希望讓我們直接在藍毘尼園建立道場。後來一位已經認識的尼泊爾皇室顧問洛克達桑先生，他也提出願意幫忙，只可惜，大陸方面不答應臺灣去建寺院，尼泊爾也不敢承諾，好事難以如意，不勝惋惜！

但是，對於在印度建一個寺廟弘法的心願，我是不願放棄、也不會死心的。時隔五年，我又於一九七九年十二月再往印度。這一次，我率領了佛教史上陣容最龐大的「佛光山印度朝聖團」前往佛教的發源地，朝禮聖跡。

二十一天的期間，我們一行兩百餘人，除了朝禮印度八大聖地：菩提伽耶的菩提場、藍毘尼園、拘尸羅城涅槃場、王舍城、鹿野苑五比丘迎佛塔、靈鷲山、恒河、那爛陀大學遺址等地，也走訪了泰姬瑪哈陵，可以說，是進行了一次成功的佛教交流與民間交流。

承蒙洛克達桑先生感念我的友誼，送給我一顆非常奇妙的雨花舍利，當然非常的珍貴。不過第三次朝聖，也是不巧，遇上了尼泊爾的政治動蕩。皇宮的宮闈鬥爭，所以對於建立寺院，也不得辦法沒有什麽結果。

我帶領兩百餘人到印度朝聖，這在當時，可說是一件非常危險的事情。因爲印度當時的觀光事業並不發達，飲食衛生條件都非常的不好，傳染病又相當的流行。像過去的續明法師，就是從臺灣前往朝聖時，在印度圓寂的。

我從臺灣帶領了兩百餘人到印度朝聖，當時大家都警告我，這是非常不智的行爲。但是我有信心，我想，人有誠心，總會得到佛陀的加持；於是就在困難重重中，仍然無畏無懼地包了兩架國泰航空專機，一架載人、一架載滿賑濟貧民的糧食、衣物、毛毯、以及中國佛教的資料、書籍、佛像等，與當地的民衆結緣。

此行終究蒙佛光加被，二十一天來，團員們個個信心增長、歡喜愉快、健康無病，甚至能在巡禮佛陀的聖跡中，升華自身的精神與道念。在聖地朝禮感人至深，有兩位團員許真珠、鄭景妙發願在菩提場出家，成就一樁殊勝的美事。我們兩百餘人的朝聖團，全部毫髮未傷圓滿歸來，這在佛教朝聖史上也算得上是一件很特殊的大事，此行回來，並出版了《佛光山印度朝聖專輯》一書。

說到我們這次的朝聖之旅，平安是平安，但帶著這兩百餘人浩浩蕩蕩地，實在說，是件非常辛苦的事。現在回想起來，也發生了幾件令人印象深刻的事。例如，那個時候坐汽車，常常車子拋錨在路上，等了大半天，

卻不得人來協助處理。找廁所，走了幾百公里了，也找不到一個廁所，迫不得已，大家只好紛紛在路邊，以洋傘作爲遮蔽，就地解決，好解決重要的生理問題。找食物，印度的飲食，常常大家吃得不習慣、不合胃口；甚至坐飛機誤點個兩三個小時，是經常有的事情。

我記得有一次要搭飛機，從早上六點等到晚上六點，聽不到一絲絲的作業或回報，後來纔聽說是飛機有零件壞了，不能起飛，必須到中美洲的波多黎各去調一個零件回來纔能起飛。等到晚上，大家飢餓難耐，兩百人紛紛騷動起來，我只好趕緊集合團員們，向大家講説釋迦牟尼佛傳，纔慢慢地讓大家心平氣和下來。

又等了很久，還是不見有人出來關心我們，團員們又開始躁動起來，這時，航空公司終於有人出面，派汽車暫時把我們接回旅館等候飛機。到了半夜淩晨三點，又來通知大家，飛機可以起飛了，於是大家又急急忙忙地搭車前往機場。

關於印度人的這一點，我太明白，飛機的零件壞了，調另一架飛機來即可，何必大費折騰到波多黎各去調一個零件回來，纔肯起飛呢？他寧可大半夜的用汽車把我們全部載回旅館多住一個晚上，然後他們再來付費補貼。這種折騰，確實需要一些忍耐功夫的。

在印度，給小費的問題，也是件麻煩的事情。由於印度人多，大家不太願意給小費。但是去到印度一定要給小費，你不給小費，他就不替你服務。例如：在旅館裏，熱水瓶要裝個熱水，沒有小費給他，他就告訴你沒有熱水；你要一杯茶，你不給小費，他就説現在不供應。總之，沒有小費，你要什麼都沒有，大家也就只好給了。

可是給了一次也不行，剛剛給小費的人，纔有水可以喝；現在你沒給小費，所以你沒水喝。這樣下去也不得辦法，身爲總團長負責帶隊的我們，只好換了一大把、一大把的錢，供應給團員們當小費使用，還得去央求他們，他們纔肯得替我們服務。

其實，這也難怪，在貧窮的地方，也應該對他們不必太計較，給他們一些小小的佈施。印度人也不是貪心，他們跟美國一樣，都是收小費的國家，他們習慣如此，你一點也不肯捨，就會遇上麻煩。有了小費，就有熱水、茶水，就不必掛念這些生活日用；加上我們總共包了六臺遊覽車、六名副手、六名導遊，每天也都要給。那一次兩百餘人的行程，光是小費，我估計應該花了大約有臺幣三十萬元左右，幾乎是傾家蕩產地把全部的花費都用在小費上了。

一九八三年三月，我帶領著「佛光山印度朝聖團」一行八十四人，第四次前往印度巡禮聖跡，再次踏上佛陀的祖國，內心可謂是悲欣交集，對佛陀的景仰，是無以言之的孺慕情懷。但對印度佛教的衰微，則因傷痛不忍而思奮起。佛光山發展迅速，大家對外界應有相當的認識，不可閉門造車，唯有走向世界，貼近人羣，佛教始能深入社會民間，契合人心所需。我期許佛門弟子皆能發心立願，爲佛教擴展新路，讓印度乃至世界各地，重新展現佛教的光輝。

因此，後來我派了弟子依華到印度留學，成爲中國佛教史上第一位到印度求學的比丘尼。依華十八歲跟隨我到印度朝聖之後，便發心留在印度學習，並且就讀印度國際大學，也曾在達蘭莎拉辯經學院學習辯經。

佛教在印度從黑暗時期，重露曙光，至今已近百年，佛法起源於印度，光大於中國，開展於世界各地，今日，各個國家和地區能承受佛教法乳，茁壯成長，隨著各國家和地區文化的發展而具有不同的特色，漸漸能關注佛陀的故鄉，這是我們佛教徒所共同的期待。我們希望佛光重新照耀於印度的土地，爲世界和平帶來光明。

雖然我對印度多少有一些瞭解，但華岡的文化大學創辦人張其昀先生聘請我，擔任該校的印度文化研究所首任所長時，我自覺不是很恰當。但是，那時大家對於印度人如何能在窮困貧瘠的環境中，卻依然安貧樂道

地快樂生活，有了很大的興趣，又因我有多次前往印度朝聖的經驗，對於印度的八大聖地以及風俗民情瞭解一二。我也就從一九八四年開始，勉力地擔任多年的所長。

一九八五年一月，我再度率領「佛光山印度朝聖團」一行七十六人，展開爲期二十一天的聖地朝禮。此次我到印度菩提伽耶，有了在印度買地建道場的念頭，後來經加爾各答佛光會前督導鍾雪芳的引介之下，終於在一九九二年，我們買下位於印度加爾各答的塔霸華人區一個地方，作爲當地信衆共修聚會的臨時場所。加爾各答佛光協會也同時在一九九二年成立，是印度十一個非漢語系之外，唯一的漢語系協會。

一九九八年五月，應華人的請求，我們正式成立了「佛光山加爾各答禪淨中心」，並且定期舉辦地藏法會、禮千佛、共修法會等活動，以接引當地華人與居民。

後來因爲當地寺院場地過於狹隘，因此在比哈省菩提伽耶另覓得一個適當地點，於二○○六年創辦「印度迦耶育幼院」。其實在此之前，早在一九八九年開始，佛光山叢林學院就與在印度的西藏各佛學院，互相派遣留學生，學習彼此的語言與宗派。

我曾經向徒衆提起，印度是佛陀的祖國，身爲佛子，都應該在有生之年，至少擁有一次朝禮聖地的記錄。因爲當你踏在佛陀走過的路上，你會覺得泥土特別的芳香；當你呼吸著佛陀祖國的空氣，你也會覺得空氣特別的新鮮；緬懷歷史的陳跡，可以令你道心更加堅固；繼承佛陀的慧命偉業，可以令你信心更加堅强；跪伏在佛陀的座前，你會感到佛陀慈光的加被；無明煩惱，可以在瞬間消逝；崇高的人格，可以不間斷地升華；人類生命的價值何在，也可以獲得明確的肯定。

因此，縱使環境上有任何狀況，儘管滄海桑田，聖地勝況不再，但我還是歡喜地一次又一次的前往朝聖，爲了發心復興印度的佛教，於是又有了一九九二年七月份的印度行，我率慈容、永妙、慧羣、蕭慧華等人前往印度。沒想到在新德里機場海關，巧遇中、韓、日等國的佛教徒，他們也是要前往拉達克參加佛教慶典，由南印度邦格羅摩訶菩提協會秘書阿難陀比丘、慧性、依華等人，以及新德里的佛教徒專程前來接機，這是我第六次前往印度。

多次進出印度的首都新德里，給我的印象就是「其熱如焚」，三十年前如此，三十年後亦然。猶記得首次訪印時，因炙熱無比的新德里，令人坐立難安，只得用自己的面巾，在當年陳舊旅舍的水泥地走廊上擦過之後，躺在地上纔稍感到好一些。其實，地上仍是熱的，根本無法入睡，打開稿子，就伏在地上寫著我的海外日記。《海天遊踪》這本書，就是在這樣的環境下完成的。

在新德里住了一晚，隔天淩晨，又得搭機到拉達克。當飛機抵達拉達克機場時，已有等候多時的摩訶菩提國際禪修中心會長僧伽桑那比丘以及各地高僧大德：拉達克佛教寺院聯合會主席暨佛教僧統圖登仁波切、藏傳黃教首席代表堪布仁波切、拉達克佛教會會長書司坦居士、以及來自荷蘭的阿難陀比丘，和法國、韓國、美國、印度、錫蘭、新加坡等地的南傳、藏傳比丘和喇嘛近百人等候。機場外，還有身穿傳統繽紛色彩衣飾的當地信徒四五百人，以捧花、薰香、吹打樂器列隊歡迎，並有二十輛摩托車當前導，這麼一個歡迎的隊伍，在我歷經世界各處弘法中，可說是一個很特殊的經驗。

拉達克地處印度、中國、阿富汗、巴基斯坦、尼泊爾等五國邊境交界，雖然拉達克人終日於五國軍事恐懼的陰霾中求生，但仍然念念不忘佛教的祝福。

拉達克的民衆，具有勤勞、善良、尊敬、滿足的美德，是我見過最具堅强信仰的一羣佛教子民，在拉達克的古文化祥和蘊涵下，我不禁喚起內心思古之幽情，期盼在保留當地傳統佛教特色之餘，也能引注一股現代國際佛教的泉源活力，以振興印度佛教。

那一次，我們在拉達克成立佛光協會，會中捐贈一千元美金給拉達克協會，並且向他們宣佈，預備在菩提伽耶佛陀成道處成立會館，讓世界各地的佛光會員到印度朝聖時食宿無虞。

佛陀當年弘揚佛法，行偏五印度的艱辛，我們猶感在心，今日，能藉助科技的發達、文明的力量，要將佛法弘傳到世界五大洲不是件難事，只看大家的發心與願力了。

我應僧伽桑那比丘之邀，前往參加「拉達克磊邑摩訶菩提國際禪坐中心」的開幕會，會中，因僧伽桑那比丘發心興建貧困學童住宿學校，慈容代表「中華佛光總會」，致贈兩萬元美金支持學校的建設。由於當地欠缺水道用水，我也承諾代爲籌措水道設施的費用，以徹底解決學校生活用水的問題。

對於佛教的復興，我認爲不在寺院的多少，也不是僧數的多寡，而是在於佛教教育的普及。教育，實是幫助拉達克民衆不受貧窮和剝削之苦的途徑。你看，日本、韓國的佛教所以興盛，即歸功於佛學研究的普偏、佛教大學設立之多；在臺灣，光是佛光山派下就有十六所佛學院，以及初中、高中、大學等多所社會學校，但在佛教發源地的印度，佛教學校卻是屈指可數。

今天，佛教徒在印度只占百分之一的人口數，但對許多當地人來說，佛陀的聖地，就是他們討錢或賺錢的地方，朝聖客就是他們討乞的目標。一張張哀求的臉龐，我想，錢救得了他們一時，卻救不了他們一世。唯有教育，纔能令他們改變，唯有佛陀的教育，纔能救得了他們的下一代。

所以，我提出每年提供佛教獎學金給十名拉達克的學生，可以到臺灣或美國進修深造；一千三百多年前，印度那爛陀大學有學生三萬多名，但願以後拉達克佛教教育，能像那爛陀大學一般的輝煌成果。

我這一生得獎無數，覺得那都是大家的護持所致，但對於一九九五年，由印度全國少數民族委員會委員達摩斯李奧法師，聯合全印度佛教大會所有會員推薦，而獲得的「佛寶獎」讓我最感欣慰。因爲這象徵佛教界諾貝爾獎的佛寶獎，代表佛教的祖國印度，對一名中國比丘在佛法實踐上的肯定與認同，也代表著我多次前往印度所做種種努力的一種見證。

一九九八年二月，我首次到印度菩提伽耶菩提場傳授「國際三壇大戒暨在家三皈五戒」，以恢復印度及南傳佛教比丘尼教團。印度是比丘尼教團的發源地，中國比丘尼教團能有今日的蓬勃發展，都根源於印度。然而，當時印度、尼泊爾、錫蘭、泰國、乃至藏傳比丘尼之戒法，卻因時代變遷等種種因素而失傳，因此我希望藉由此次戒會，恢復南傳比丘尼教團，使得南傳比丘尼教團回歸佛陀時代的興盛。這是我第七次前往印度，此次三壇大戒，有二十三個國家和地區，一百五十多位戒子前來參加，並有十四個國家和地區，三十七位佛教長老大德擔任尊證阿闍黎，也是佛教界首次跨越種族、區域、法脈傳承的戒會。

至於在家三皈五戒，則有近三十個國家和地區，兩千五百名在家衆參加，這次的戒會，也因此而獲得貢噶多傑仁波切致贈佛陀舍利，促成了建設「佛陀紀念館」的因緣。

同年五月，我們在印度加爾各答成立「佛光山加爾各答禪淨中心」，帶領當地的信衆共修。

爲了落實本土化的原則，並於一九九九年派弟子覺明前往興辦「佛光山印度佛學院」，以培育更多的佛學本土人才；二〇〇二年覺明前往印度德里大學攻讀佛學研究所，並於二〇〇四年成立德里大學協會，由德里大學佛學系的系主任薩迪亞帕拉（Prof. Bhiskhu Satyapala）擔任會長，會員皆爲佛學系的碩博士生，比丘、比丘尼等居多，而覺明則於二〇一一年取得德里大學佛學研究所博士學位資格。

一九九八、一九九九、二〇〇〇年連續三年，我們於印度舉辦千户萬人賑濟活動，二〇〇〇年我更派乘禪等五位沙彌前往印度求法，而佛光山叢林學院創辦四十多年來，外籍學生已占了五分之二的比例，並有不少拉達克學生，在山上修學期滿，又被派回印度佛學院服務。

二〇〇四年十二月二十六日，南亞海嘯造成重大傷亡，佛光山也派覺門法師等協同馬德拉斯協會會員，募集賑災物資送至災區救濟災民，開辦「海嘯婦女和學生就職訓練所」，並成立「海嘯孤兒院」，二〇〇五年又派弟子妙如前往印度，陸續開辦婦女裁縫班、刺繡班、學生打字班、電腦班……等課程，讓貧民能有一技之長，遠離窮苦生活，提升學童們的品德。

二〇〇六年十月，我應印度奧士馬尼亞大學之邀，在奧士馬尼亞大學泰戈爾禮堂舉辦「佛教論壇」，以紀念安貝卡博士打破階級制度的平等精神；並接受新德里大學之邀前往新德里大學文學院大講堂演講，主題「般若的空義」有近千人聆聽。

這是我第八度前往印度，我帶著心律不整和心臟衰老之虞的色身，在我的主治大夫江志桓主任的陪同下，飛往印度海德拉巴市的十字街道上主持皈依三寶典禮，計有二十萬人參加。因爲印度出生了倡導平等思想的佛陀，大乘佛教的發起人龍樹菩薩，以及積極發揚平等精神的安貝卡博士，爲了印度佛教的未來，我勉勵大家，共同學習佛菩薩偉大的精神，勇敢走出種姓制度的桎梏。

二〇〇八年，我派弟子慧顯前往印度，成立佛光山印度德里文教中心，爲培育印度新一代僧伽，致力復興印度佛教。二〇一〇年四月成立「印度沙彌學園」，招收釋迦族男孩，培育未來弘法人才，由佛光山印度德里文教中心主任慧顯法師，擔任沙彌教育養成的負責人。二〇一一年七月成立「印度佛光文化有限公司」出版「人間佛教」書籍，參與國際書展，將我的著作翻譯成印地語出版等。

慧顯是一九九八年我於菩提伽耶傳授三壇大戒的男眾戒子班首，當年他在菩提樹下發願要回饋印度，十年後，他如願的踏上印度的弘法之途，他在當地接引佛光青年學佛，興辦沙彌學園，甚至舉辦國際慈善義診，帶領著多位國際華人醫生，前往比哈省、北方邦以及西馬拉亞邦最偏遠高山的山谷，在人煙罕至、醫療設施落後等地，給予衛教醫療照護；同時也經常到貧民窟、賤民村等做教育關懷，可說意義重大。

值得一提的是，隨著國際佛光會二十年來在全球五大洲的成長茁壯，曾經負責國際佛教促進會的滿華、覺門、滿和，都分別在其擔任執行長任內，無懼艱苦，經常出入往返印度各省，默默耕耘，分別在拉達克（Ladakh）、菩提伽耶（Bodhgaya）、安特拉（Andhra Pradesh）、大吉嶺（Darjeeling）、德里大學（Delhi University）、古笈拉特（Saurashtra Central Gujarat）、邦加羅爾（Bangalore）、清奈（Chennai）、還有在尼泊爾、孟加拉、錫金等國家和地區，陸續成立非漢語協會。

這南亞十一個非漢語系佛光協會，秉持國際佛光會的宗旨與目標，積極於佛教本土和復興工作。當中，他們也經常與我交流互動，較具代表性的有拉達克協會的僧伽桑那法師（Ven. Sanghasena），也在世界總會擔任理事多年。菩提伽耶協會的阿難陀法師（Ven. Ananda）；後來又有南印安特拉協會會長僧護法師（Ven. Sangharakshita），以及偏遠山區的大吉嶺協會會長達摩帝如法師（Ven. Dhammadeero），乃至後來成立的德里大學協會會長薩迪亞帕拉法師，以上都是當前在印度佛教界享有德望的長老上座。

另外，許多也是社會賢達的在家優婆塞，來擔任我們的協會會長，帶動當地信眾。例如：馬德拉協會會長安邦（E. Anban）及古笈拉特協會會長索蘭奇（Naushad Solanki）。由於他們認同我提倡的「人間佛教」，並且多年持續不間斷地護持。因此，我也經常給予護持贊助他們，踴躍積極參與世界總會在全球各協會舉辦的世界理監事和會員代表大會。印度之佛教復興和「人間佛教」的弘揚，至今漸露曙光。

印度是一個擁有古老文化的國家，現代新興的科技事業也非常發達，在我心中，希望印度的階級制度可以消除，讓普世獲得平等。

如果印度不要那許多所謂的「賤民」，可以幫他們安排到世界各地去做勞工，也比做賤民好啊！因爲賤民

最大的問題，就是他們在人格上受到的損傷、心靈上遭遇的傷害，這真是無比的傷痛。在今日二十一世紀講究公平、公正的社會裏，實在不應發生這許多歧視啊！

公平，公正的社會裏，實在不應發生這許多歧視啊！

最大的問題，就是他們在人格上受到的損傷，心靈上遭遇的傷害，這真是無比的傷痛。在今日二十一世紀講究

我和南傳佛教往來

一九六三年六月，泰國國王蒲美蓬（Bhumibol Adulyadej）伉儷蒞臨臺灣訪問，當局認爲泰王是佛教徒，就發動「中國佛教會」派了二十位出家人至松山機場代表迎接。這二十位代表就研究一個問題：泰王從機艙出來，我們迎接時，是鼓掌好呢？還是和他握手？或者合掌？在我們中國的習慣，很容易分別這樣的輕重，但以出家人來說，握手，太現代了；鼓掌，太過招搖，最後決定還是以佛教的合掌爲宜。

泰王很年輕，據說只有三十六歲，帶著善良美麗的詩麗吉皇后（Queen Sirikit）跟我們迎接的人一一合掌，大家也回以合掌爲禮。但這一件事情，後來在泰國引起了軒然大波，因爲泰國是屬於南傳佛教，他們認爲泰王是一位在家人，我們中國的出家人不應該向他合掌；但是在中國北傳的佛教裏，合掌並不是跪拜，而是僧信之間很平常的相互爲禮。

說到泰王訪臺，佛教是從七世紀的時候從斯里蘭卡傳到泰國，世界上宗教的傳播，大概都要兩三百年之久，纔能慢慢地成爲全國接受的宗教。而泰國在十三世紀素可泰王朝（Sukhothai Kingdom）第一世國王把佛教推廣到全泰國後，纔真正開始舉國信仰佛教。

泰王訪臺後，雙方表示友好，希望能夠相互訪問，因此泰國便和臺灣當局邀請佛教界前往訪問。「中國佛教會」接收到訊息後，當即組團，而訪問的名單裏面，並沒有把我列入，但是國民黨覺得我應該參加，特地辦了兩桌素齋請佛教會的人士，希望能將我列入訪泰的名單裏面。

國民黨黨部通知我要和「中國佛教會」理事長白聖法師見面，他是出訪團的團長，那時候正值他在臨濟寺傳戒，我前往拜見，他一臉嚴肅的表情，向我說道：「要訪問什麼地方、什麼人，你去準備吧！」

我當時一愣，不明所以地回問：「白老，我以什麼身份去準備這些？」

「黨部叫你做秘書啊！既然做訪問團的秘書，你就去作業。」

雖然我和泰王同年，那時候也是三十六歲，但是說來慚愧，我對國際的知識非常膚淺，國民黨黨部光說訪問東南亞，到泰國、馬來西亞、日本、印度等國家，但是東南亞在哪裏？我當時都不太清楚。

儘管我來臺十年來，出版不少的書籍，如：《釋迦牟尼佛傳》、《玉琳國師》等，在馬來西亞、新加坡銷售至少幾萬本，除此之外，我就不甚瞭解其他國家狀況了。到了這個時候，我纔知道，一個團體出國，不是那麼簡單，還要那個國家駐當地代表處簽署通行證，我們纔能成行。

我經過一番研究，把訪問定在泰國、印度、香港、菲律賓、日本和馬來西亞、新加坡等國家和地區。辦理旅行證件的時候，我們的泰國通行證、日本通行證很快就拿到，但是，最想去的印度，卻遙無消息，沒有音訊。

出發的日子，六月二十六日很快就到了，經過各家信徒熱烈地在松山機場歡送，我們坐上泰國航空，於上午十一點五十分起飛，那是我生平第一次坐飛機，因此時間記得特別清楚。我們這個佛教訪問團一共只有六個人，團長白聖法師、副團長賢頓法師，團員有淨心法師、朱裴居士、劉梅生居士，我則擔任秘書兼發言人。照理說，當局應該有一筆費用補助我們出訪，而朱裴、劉梅生居士他們都免費參加，只有我自費出了幾萬塊的飛機票錢，但是大家能出訪，總是歡喜的事情，也不太去計較這些了。

泰國的時間比臺灣慢一小時，我們飛行三個多小時後，在泰國時間下午三點十分左右，飛機在泰國廊曼機場降落，現場兩千多位的比丘，整齊地排在飛機場，表示對我們的歡迎。後來我纔聽說，泰國比丘從未到機場去歡迎什麼人，我這時候纔知道泰國政府是以國賓之禮來接待我們。

此次訪泰的日程，是由泰國宗教廳安排，因此，宗教廳希望我們住在泰寺，而泰國的華僑佛教社則堅持我

們要住在華僑佛社裏；最後，我們便被安排住進華僑佛社中歷史最久的「中華佛學研究社」。

「中華佛學研究社」是一個居士的社團，房子內部設計就像寺廟一樣。據說在泰國一共有十五個這樣的佛學社，如大光佛教社、龍華佛教社、蓮華佛教社、光華佛教會等。「中華佛學社」跟我創辦的佛教文化服務處經常有往來，他們常在服務處請購佛書、佛像、陀羅尼經被等，彼此信件聯繫頻繁。

因爲與他們有來往的因緣，因此「中華佛學社」的總幹事楊乘光居士，對我們全團的到來，特別的熱心接待，整個佛學社三層樓就成爲我們臨時的居家。而泰國政府也非常重視我們此次的拜訪，爲了顧及我們的安全，在訪問泰國兩個禮拜當中，「中華佛學社」門口每天都有四個警衛站崗保護。

我還記得，當天下午的記者招待會，有數十位泰國各報的記者來採訪我們，有一位記者突然提出抗議，質疑我們在臺灣迎接泰王時，怎麼可以對在家的信眾合掌爲禮？對他們來說合掌也是一種頂禮。我們當時回應，並不是以合掌向泰王行禮，而是爲泰王祈求三寶加被，經過翻譯人員瑪古德大學陳明德教授流利的翻譯，記者們纔釋懷。

陳明德教授，非常的年輕，外表斯文清秀，說得一口流利的中文。一個泰國人能把中文講得這麼好，實在很不容易，特別是他對於大乘佛教的經典，非常倡導尊重，當時他也正在進行翻譯中國大乘經典爲泰文，我們覺得這位居士，對未來中泰的佛教會有很大的貢獻。可惜，日後當我們回到臺灣不久，即聽聞他遽然去世，纔三十八歲的青年才俊就這麼離開人世，今後這種人才到哪裏去找？不免嘆息佛教痛失人才。

我們在泰國的兩個禮拜中，訪問過僧王第十五世頌德帕桑卡拉查尊者（Somdet Phra Sangharaja）。聽說僧王有中國潮州人的血統，他六十二歲纔開始學英文，六十五歲時已經能講出一口流利的英文，我們去訪問他的時候已經九十歲高齡。親切和藹的僧王，和我所看見的泰國比丘大大不同，一見到我們就呵呵直笑，開朗的笑容始終掛在臉上，僧王對我們說：「中泰佛教兩國的血統是分不開的，不少的泰國人都有中國姓，拿我說吧，我就是姓蔡，我的祖父就是一位華人。」他又繼續表示：「中國的佛教大都是屬於北傳，泰國的佛教是屬於南傳，其實，南傳佛教也好，北傳佛教也好，總是以釋迦牟尼佛爲信仰中心，所以中泰兩國佛教，不應該有彼此之分。」

沒見到僧王前，我原本一直以爲南傳佛教並不承認北傳佛教，沒想到這位高齡的僧王、慈祥的長者，卻有著這麼開明的見解，頓時讓人肅然起敬。

宗教廳安排的行程裏，我們參觀了泰國著名的玉佛寺、雲石寺、鄭王廟、菩提寺等，還參觀佛教醫院，帶我們暢遊湄南河，總之就是熱情接待，令人感激。我尤其對於能在早晨，看到泰國如同佛陀時代比丘托鉢的那種風光，記憶深刻。

如果某家信徒想要發心供僧，他們就必須在天剛亮時，將飯菜準備好，擺在桌子上，當比丘托鉢經過時，信眾就恭敬合掌，然後將準備好的飯菜一一倒進比丘手中的鉢；除了飯菜外，他們還會準備水果、鮮花，一起供養比丘。而在信眾供僧的過程中，比丘與信眾彼此間並無交談，也不攀緣，只是靜默地進行著供僧的儀式。當比丘們右手托鉢，左手拿著鮮花，三五成列或者獨步慢行，前往每户人家應供時，那寧靜肅穆的氣氛，總讓人感到無比莊嚴。

在訪泰行程的第八天，七月三日，泰王蒲美蓬特別在皇宮裏面設宴，招待供養我們午齋；據說，這是泰王首次接見外國的僧眾，足以見得泰王對我們的重視。泰王接見我們的時候，一看到我們便站起來向我們作禮，而爲了順應泰國南傳佛教的規矩，我們也只能老實坐下，不敢有任何回禮。

泰王的風采高貴大方，英挺的樣貌令人讚嘆，他誠懇地向我們表示，他很感謝大家在臺灣熱烈地歡迎他，他在臺灣的時候，看到農村家庭也供奉著觀世音菩薩，感到非常的歡喜，他還說到：「我從臺灣回到泰國，一

下飛機後，就跟僧王說，我到臺灣最大的收穫便是佛教徒送了我一部中文大藏經。」為此，這次我們來訪，泰王特地回送我們一套泰文大藏經，以法寶互為禮，表達對我們的友好之意。

在我看來，其實泰國的佛教很單純，它不像中國的佛教，重視學術、學理的研究；泰國的佛教宗派林立，比丘每天托鉢接受信徒供養，一切事務都由在家的信徒，或者净人去服務。而生為泰國男子，一生都要出家一次，出家時間隨每個人志願而定，可以說，在泰國是以出家當比丘為榮，比方說：我們每每和泰國政要見面，介紹人就會說，某某部長出家十年、某某教授出家二十年，卻不會說，某某人是哪間名校畢業，曾有過什麼豐功偉業，他們以出家時間愈久，愈顯得身份榮耀。

在訪泰期間，得知泰國對外來的佛教團體，也有著平等的尊重，他有華僧宗務委員會、柬埔寨佛教宗務委員會、緬甸佛教宗務委員會等。每一派的宗長，他們都自稱華僧僧王、柬埔寨僧王、緬甸僧王等，當然不比泰國僧王那樣的崇高重要，但地位卻也相當尊貴。

我們曾去拜見龍蓮寺的住持，也是華僧僧王普浄大師，他是廣東潮州人，一位很熱誠待人的長老。當初泰國在設立華僧事務委員會時，即禮請他擔任尊長，領導百餘華僧及十餘所佛寺。普浄長老對於提升華僧地位有著不可抹滅的功勞，更是在泰國具有舉足輕重的地位。當時不只是華僧跟隨他，寺廟內還有上百位泰國的年輕沙彌，我那時候想著，如果普浄長老能把這一羣泰國沙彌教成中國大乘佛學的學者，以後何必分什麼南傳、北傳，佛教就能融為一家了。

在佛教訪問團的參訪中，諸多的好因好緣，可以說是我與南傳佛教的初次接觸，往後與南傳佛教的結緣，也主要以泰國為主。像是一九八五年，設於曼谷的世界佛教青年會，首次在佛光山舉辦學術會議，承蒙他們邀請我擔任榮譽會長。而我與總部位於泰國的世界佛教徒友誼會，也是頗有淵源，分別在一九八八年、一九九二年、一九九八年、二〇〇六年四次主辦過大會，在一九九二年第十八屆大會中，被推選為世佛會永久榮譽會長；第二十一屆大會，世佛會頒贈予我「佛教最佳貢獻獎」，而這些另有篇章細說，在此不多述了。

在一九八七年，應馬佛總主席金明法師暨新加坡佛教界之邀，我率領二十人訪問團，前往新馬等地弘法訪問，在馬來西亞佛教青年總會邀約下，參加在檳城舉行的「南北大師喜相會」講座會。他們推舉我代表北傳佛教，與代表南傳佛教的達摩難陀法師（Ven. Dr.K.Sri Dhammananda）共論教義，透過這個因緣，讓更多人深入瞭解南北傳佛教，當時共有三千餘人一同與會，場面隆重。

我以為，無論是南傳、北傳佛教，無有高低對錯之別，每個國家地方更因為歷史、地域、氣候因素各有差別，佛教順應當地，而有了各自的發展空間模式，但是，無論如何，佛教的教義必定是相同的。

這樣的想法，促使我常常思考如何讓國際佛教團體間交流與合作，此後，國際佛光會在一九九三年於佛光山舉辦了第一屆「國際佛教僧伽研習會」。有越南明珠長老、泰國素提瓦若（Ven.Sudhivaro）、緬甸三達吾他法師（Ven. Sandawuntha）、荷蘭狄法米特、印度達摩帝如（Ven. Dhammadeero）、僧伽桑那（Ven. Sanghasena）、孟加拉潘帝特等五大洲十六個國家的僧眾和信眾參加。此後，此研習會相繼於溫哥華、雪梨、巴黎、香港、臺灣等地陸續舉行。

尊崇佛制，嚴謹恪守戒律的南傳佛教，並不一定全為上座部教派，以泰國為例，原本全屬南傳上座部的派別，後來慢慢發展，也產生了大眾部，其中最大的兩派，分別為華僧宗及越南僧宗。而上座部隨著時代的演變，也產生了法身寺的派別，法身寺想要集合數十萬的比丘、數百萬的信徒並不是難事，他們真有如此的實力。

泰國法身寺以禪修著稱，因為與佛光山發展理念相同，而有意互結為兄弟寺。一九九三年十月十七日及隔年二月二十五日，我與法身寺住持帕蘇達瑪雅那（Phra Sudhammayana）上座，分別在佛光山和泰國法身寺共同簽

署締結兄弟寺，立約共創人間淨土，可以說為南北傳佛教交流開啟新頁。

我們與法身寺締盟為兄弟寺後，雙方來往密切。尤其一九九八年為了佛陀舍利到佛光山永久供奉，必須經第三地來臺，最後選定在泰國，除了世界佛教徒友誼會的協助外，法身寺也厥功至偉。其他如：美國西來寺舉行祈求世界和平法會、美國南加州聯合慶祝佛誕節，以及佛光山第七任住持晉山陞座典禮，法身寺亦派代表列席，並以傳統儀式祝禱，我們和法身寺有著實質上的宗教文化交流。

其中，經常擔任法身寺翻譯人員的范淑智小姐，臺灣中壢人，初時在法身寺學佛五年，就擔當起法身寺的中、泰文翻譯，與我們互動來往密切。她曾歡喜地表示，她在法身寺不是從事職業，而是一種「沒有待遇的工作」，因為沒有待遇，她把它當作是自己的人生使命，因此每天都很充實、快樂。誠如所言，從范淑智小姐二十年來活力充沛地投入法身寺法務活動中，可以感受到她的發心與歡喜。

由於法身寺應用了大眾部的教理，因此他們對佛法的解釋自然趨向於北傳佛教。沒想到這樣的發展卻在一九九九年遭受到泰國佛教界的批評，認為法身寺對佛教義理的解釋及言行不如法。

面對這樣的抨擊浪潮，我即刻義不容辭撰文《認識法身寺的貢獻》回應，文章同時譯成英文，刊登在一九九九年六月《普門》雜誌二三七期。

我在文章中表示，法身寺開山以來，對於佛教及社會的貢獻良多，可以列出四點：

一、推動佛教國際化：法身寺除了在世界各地建寺弘法之外，還以泰文、英文、中文、日文、法文、德文等多種語文出版佛法書籍，並經常舉行國際佛法研習會。目前法身寺是世界佛教徒友誼會及世界佛教青年友誼會會員，也是聯合國非官方組織的成員之一。

二、促進弘法現代化：法身寺首開先河，將羅馬文版的巴厘大藏經輸入電腦，讓佛陀的教義得以傳播到世界各地，這種以現代方式弘傳佛法的方式，十分值得佛教界學習、提倡。

三、提升僧伽教育：法身寺對於僧伽教育頗為重視，多年來法身寺比丘、沙彌在參加泰國僧人年度高考時，中榜率均高居全國第一。法身寺也不斷派優秀的成員前往日本、美國、臺灣、英國、比利時等國家和地區深造佛學，為佛教界培育許多僧才。

四、淨化社會人心：法身寺經常為大學生、婦女、各公私立機關及社會人士舉辦佛法傳薪營、結夏集訓、佛法頭陀營、禪七法會、星期佛學班等課程，對於人心的淨化發揮了很大的功用。

佛門有一句話說：「若要佛法興，除非僧讚僧。」國際化是佛教必然的趨勢，現代化是佛教進步的關鍵，僧伽教育是佛教萬年的基業，淨化人心是佛教向來的目標，對此，法身寺都作出了卓著的貢獻。

法身寺廣開法緣，以開放的包容力弘揚佛法，這樣的菩薩道場，自創建以來，始終秉持他們的創寺主旨「以出世的精神，做入世的事業」。而法身寺的住持每個月只停留在法身寺三天，聽取報告、主持會議，其餘時間全在叢林道場教育人才，行政工作全權委由副住持管理。這和中國佛教，住持向來只負責領眾梵修相同；也和我的理念不謀而合，我一向主張，「住持要管法，不要管事」。

無論遭遇何種風波，法身寺仍然弘法領眾不斷，與我們的交流從未斷過，像是二〇一一年十二月二十八日，法身寺副住持帕邑瓦那維利亞坤（Phra Bhavanaviriyakhun）帶領十四位法師及信眾參加「佛陀紀念館」落成開光典禮。而二〇一二年七月，法身寺派遣六位優婆夷管理團來山參訪交流，為了讓寺內六百多位的優婆夷常住女眾可以安身立命，法身寺正在規畫新的管理大樓；而這六百多位優婆夷，身著白衣，頭髮整齊，發心在法身寺內服務奉獻，終身不婚嫁，如同佛光山的師姑一般。

在南傳佛教中，由於比丘尼戒失傳，想要皈投佛門、精進修行的女眾，唯有成為領受八關齋戒的學法女。

而泰國的學法女稱爲「白衣」（Mea Chee），雖與泰國優婆夷相同，也是身著白衣，但她們剃除頭髮，所有行儀皆如出家衆一般，只是環境不許可，沒有機會求受比丘尼戒法，只能算是學法女的身份。

大部分的南傳學法女在僧團裏並沒有地位，也無法和比丘相比，甚至和北傳的比丘尼相較之下，待遇也相差甚遠，總讓人不勝感嘆。但是，他們的生活嚴肅而有紀律、精進刻苦，卻是令人敬重的。

佛陀當初說法，強調衆生平等。因此，我向來主張比丘、比丘尼也應該地位平等，男衆可以出家，女衆當然也可以。因此，在一九九八年，首次於印度菩提伽耶傳授國際三壇大戒，希望能爲南傳佛教國家恢復比丘尼戒法，讓所謂的「白衣」學法女能夠成爲真正的比丘尼。

出乎我們意料之外的，大部分的南傳長老們，皆有恢復僧尼教團的期待。像是被緬甸政府封爲「三藏國師」，當時已一百零一歲高齡的斯里蘭卡阿難陀彌勒長老（Ven. Ananda Maitreya），他肯定戒會的舉辦，也答應會派代表出席，因爲他也曾想過要復興比丘尼戒法的傳承。還有八十歲的斯里蘭卡達摩洛卡長老（Ven. Talalle Dhammaloka Anunayake），他歡喜承諾會出席戒會，並且表示斯里蘭卡佛教少了比丘尼戒法，就好像缺了一隻脚的椅子，無法穩固；好像只有單翼的大鵬金翅鳥，無法高飛。

達摩洛卡長老不只支持戒會的傳承，每當他在報紙上看到批評比丘尼教團的論調，他必定以其博學的佛學論述加以反駁。爲了表示對戒會的支持，他也派了八位長老比丘當尊證，以及二十位沙彌尼前來受戒。此後，達摩洛卡長老也一直與我們保持友好的往來，他在二〇〇二年時，將我的《星雲說偈》一、二冊譯成斯里蘭卡文，並與我一同舉行了新書發表會。

除了大力支持啓建戒會的長老們，相對的，也有不贊成傳戒的教派，像是尼泊爾佛教界，甚至有佛教會直接來函明白表示，南傳佛教早就沒有比丘尼僧團，根本沒有必要復興。

縱然有阻礙，但也蒙佛菩薩加被，戒會依舊如期舉行，共有二十三個國家和地區，一百六十位戒子參加，是佛教界首次跨越種族、區域、法脈傳承的戒會。而如戒會所希望的，有不少南傳「白衣」來求受三壇大戒；尤其，尼泊爾的學法女不畏艱難，勇敢求法，立下了學法女求法的歷史典範。

時至今日，南傳大部分「白衣」仍滯留在學法女的階段，比丘尼戒法並沒有弘傳開來，不免讓人唏噓，但我相信，只要有了開端先例，未來就有發展的希望。

此外，一九九四年國際佛光會泰國曼谷協會成立，施皇旭居士爲創會會長，余劉素卿、蘇林妙芬、黃員教任職副會長，秘書長則由會長夫人王之君女士擔任，張長春、余聲清、蘇暉雄居士爲協會顧問。施皇旭伉儷長期旅居海外，對於推動泰國佛光協會的成立可說是不遺餘力，而會長夫人王之君，幼時就住在宜蘭，常常跟隨祖母王葉魚免女士來到雷音寺（今蘭陽別院），因此而結下法緣。

擔任顧問的余聲清居士，是世界臺商總會長長，和其夫人余劉素卿女士自創會以來，始終携手共同爲會務發展盡心盡力。余劉素卿女士日後也擔任曼谷協會的會長、督導；而在泰國華僑界具有舉足輕重地位的余聲清居士，則不負衆望，銜領重任成爲國際佛光會世界總會副總會長，兩夫妻的發心，有目共覩。

隔年，佛光山曼谷道場落成，有了佛光會及分院道場後，佛光山與南傳佛教的交流更是如虎添翼。而南傳佛教國家除了泰國外，往後也陸續成立了尼泊爾、斯里蘭卡、緬甸、柬埔寨、寮國等佛光協會。

我們與南傳佛教教團相互的拜訪交流，像是二〇〇二年九月，大塔寺住持帕貼洋卡威（Phra Thepyankawee），泰國法宗派的僧團主席，帶領訪問團近六十人蒞臨佛光山參訪，這是法宗派第一次拜訪佛光山，也是法宗派開創以來第一次參訪北傳佛教寺廟，頗具意義。

除此之外，二〇〇二年也在馬來西亞拿督丘民揚安排下，我前往寮國、緬甸、柬埔寨、泰國等地，展開一

個月慈善弘法之旅。此行主要是代表國際佛光會及曹氏基金會，將一千五百臺輪椅捐贈給這些飽受戰火摧殘的國家，並拜訪當地佛教領袖，以實際行動協助這些國家的人民，也爲南、北傳佛教搭起溝通的橋樑，希望未來將以交換學生方式促進交流與培養人才，並能設立語言中心，協助南傳佛教走向國際化。

二〇〇三年一月，我和柬埔寨法相宗僧王柏克里（Somdet Phra Sangharaja Bour Kry）、泰國代僧王頌德帕佈達勤那旺上座比丘（Phra Buddha Chinavong）、斯里蘭卡佛護長老（Ven.Buddharakkhita）等佛教界長老共同在佛光山主持「南北傳佛教交流座談會」。我在會中提倡「走出去」，再次强調要培養語言人才、共同合作，而這必定是未來佛教發展的目標與方向。

佛教的發展必須與時俱進，纔能跟上時代的腳步，利益衆生，能「走出去」，生命就會有不同的意義。當時，泰國大僧團議員塔蓬長老代表泰國僧王出席會議，也大力盛讚我們對教育的重視，並表示，泰國在世界各地弘法雖不斷進步，但因人才、經濟的關係，發展仍有限。而柬埔寨僧王、斯里蘭卡佛護長老也都紛紛回應，雖然復興佛教的腳步仍然緩慢，但這次會議也都讓他們對未來發展有了明確的目標。聽到南傳佛教的諸位長老肯定的回應，也讓我懸宕許久對佛教的憂心，有了稍稍鬆口氣的機會。

二〇〇四年一月，泰國爲祝賀僧王頌德帕雅納汕瓦拉尊者（Somdet Phra Nyanasamvara）九十歲華誕，僧王隸屬的法相宗僧團代表，特地仿造皇家寺院玉佛寺所供奉的泰國國寶翡翠玉佛，由聯合國營養學專家的詩琳通公主（Princess Maha Chakri Sirindhorn）監製，準備時間長達兩年，歷經一百零八天鑄塑完成十九尊重達一點五噸的金佛，贈予全球十九個佛教國家和地區供奉，臺灣因佛教興盛而榮爲十九個國家和地區之一，泰國僧王則指定佛光山爲供奉金佛聖地。

感謝泰國僧王的厚愛，我們也特地爲此舉行金佛安座法會，當天萬人齊迎觀禮，上萬信衆雙手合十恭迎，場面盛大。泰國副僧王頌德帕仰瓦羅通（Somdet Phra Yannawarodom）、泰國法宗派僧團主席帕貼洋卡威（Phra Thepyankawee）、高雄縣長楊秋興、前「資政」余陳月瑛女士等均出席觀禮。如今，象徵南、北傳佛教融和及國際友誼的金佛，安穩地供奉在「佛陀紀念館」金佛殿內。

同年的十二月，南亞發生地震、海嘯，國際佛光會在第一時間分別於印尼、泰國、馬來西亞、斯里蘭卡、印度等災區賑災，並發起「全球佛光人百萬人同步念佛超薦祈福法會」、「佛光山爲籌募南亞海嘯災區孤兒的教育基金」活動，以及「海嘯無情，人間有愛；南亞孤兒，大家關懷」，帶領佛光山派下各教育單位及童軍團等，全臺灣總共二十個隊伍展開行腳募款活動。除了各國家和地區的救災捐款外，二〇〇五年由弟子心定帶領馬來西亞、泰國曼谷協會幹部至泰國皇宮晉見皇儲詩琳通公主，代表國際佛光會捐贈賑災款項共一千萬泰銖予公主慈善基金會，希望能盡綿薄之力，幫助泰國儘快恢復家園。

而隨著時代的進步，泰國僧衆對於比丘、比丘尼的階層關係也逐漸有了改變。像是二〇〇四年泰國僧王頌德帕雅納汕瓦拉尊者在僧王寺舉行供僧法會，邀請一千零九十二位僧衆應供，時任佛光山曼谷文教中心主任的慧僧，帶領妙慎、覺勵等比丘尼前往祝賀，爲僧王寺首次接受比丘尼供養。當日，妙慎也獲得泰國皇室承認，由詩琳通二公主代表，將具有承認出家衆身份地位的皇室寶扇贈予妙慎，象徵她爲泰國第一位被認可的比丘尼。

在教育文化交流方面，泰國很有名的摩訶朱拉隆功大學（Maha Chulalongkorn Buddhist University）頒給我教育行政榮譽博士學位、瑪古德大學（Mahamakut Buddhist University）授予我佛教學術榮譽博士學位，感謝他們對於我的鼓勵。日後，弟子心定、慈莊也獲得摩訶朱拉隆功大學頒發的榮譽博士，尤其，身爲佛光山女衆大弟子的慈莊，於二〇一一年獲得榮譽佛學博士學位更是別具意義；當日由摩訶朱拉隆功大學副校長沙威·喬迪克（Ven. Sawai Jotiko）帶領四位長老比丘至西來大學致贈學位證書及皇室寶扇，由此可以看出南傳佛教逐漸重視比丘尼的

奉獻。此外，二〇〇五年，泰國皇家編譯部爲了編譯《世界宗教泰英辭典》，將《佛光大辭典》列爲主要參考資料，這可以說是南、北傳佛教更進一步的文化交流了。

隔年，二〇〇六年，心定參加皇家天吉寺祝賀住持頌德帕仰瓦羅通副僧王（Somdet Phra Yannawarodom）九十大壽祈福法會。會中泰國皇家詩琳通二公主特頒贈爵扇予心定、妙慎等人。而泰國僧王頌德帕雅納汕瓦拉尊者（Somdet Phra Nyanasamvara）亦以佛陀舍利贈送給佛光山，肯定佛光山對南、北傳佛教交流及對社會的貢獻。

除了榮譽博士外，泰國「國會衆議院宗教藝術文化委員會」在二〇一一年四月於朱拉隆功大學大會議舉行「佛曆二五五四年第三屆佛教傑出貢獻獎頒獎典禮」，將代表極爲傑出貢獻的「金剛獎」頒贈與我，由心定代替我領獎，據説這是首次將此獎項頒贈給外國華僧，具有特殊的意義。

而我的弟子中，長期以來與南傳佛教國家互動頻繁，精進不輟的覺門，多少年來，一次次牽起了南、北傳佛教的溝通橋樑，例如：二〇〇一年，她代表佛光山出席摩訶菩提協會一百一十週年慶，會中建議應注重人本的「人間佛教」及尊重比丘尼的存在，引起與會者回響熱烈。

想到當初，我隨佛教訪問團至泰國訪問時，曾經由泰國方面邀請召開舉行過一場中泰佛教辯論會，彼此對於佛教的義理展開辯論及解釋。而我覺得，我們是來作友誼訪問的，對佛教可以討論，而不必辯論，因爲佛教無論走到天下任何角落，其根本義理絕不會南轅北轍，而南傳、北傳可以説只是引人入門的不同名詞，以便觀機逗教。爲了避免造成無謂的争論，我當場提出三大討論要點：

一、今天的佛教在「團結」：團結的對象不分大小乘、南北傳、各宗派、僧和俗。

二、今天的佛教在「統一」：現在佛曆未統一，佛誕未統一，服飾未統一，儀式未統一，制度未統一，這些都急待統一。

三、今天的佛教在「動員」：要動員研究佛學，要動員淨持戒律，要動員展開社會事業，要動員發展佛教教育，要動員展開世界性的弘法活動。

當時我説，歸納起來，除了這三大議題值得大家辯論、研究、改進外，所謂南傳、北傳都是不諍之議。因爲所有的佛學理論，都以佛説的經文爲題而發展，枝節問題乃在做法的徹底究竟，做得夠不夠、做到何種程度？如果我們真能遵行佛陀遺教，人人不做獅子身上蟲，相信佛教可以迅速爲世界各地人民所接受。

此番談話，當場獲得泰方難陀論師的認同，一場辯論，也化爲融洽的議題討論。平心而論，上述的三大看法，回歸現代仍然適用。我也依舊主張佛教没有南、北傳之分，大家都是一家人，所傳揚的都是佛法，希望大家能夠團結一心，共同將世界的佛教團結起來，一同爲佛教努力。我想，其中最大的意義，是能夠讓全世界各界人士看到佛教的和平與尊重、歡喜與融和吧！